한국 기독교 개혁을 위한 10 제언

영성생활의 요청

영성생활의 요청

초판 발행:1997년 2월 10일
지은이:엄두섭
발행처:도서출판 은성
등록:1974년 12월 9일 제9-66호
ⓒ1997년 도서출판 은성
주소:서울시 동작구 상도5동 126-60
전화:(02)821・9072
팩스:(02)821・9071

이 책의 출판 및 판매에 관한 모든 권한은 본 출판사가 소유하고 있습니다. 출판사의 사전 서면 허락 없이 상업적인 목적으로 번역, 재제작, 인용, 촬영, 녹음 등을 할 수 없음을 알려드립니다.

Printed in Korea
ISBN: 89-7236-168-2 33230

한국 기독교 혁명을 위한 10 제언

영성생활의 요청

엄두섭 지음

은 성

차례

1. 영성인이 되자/ 9
2. 탁발정신을 실천하자/ 39
3. 절대 양심을 지키자/ 71
4. 인격 완성을 하자/ 103
5. 내면 생활을 하자/ 119
6. 사랑의 주를 앙망하자/ 137
7. 내면적인 기독교가 되게 하자/ 151
8. 완덕을 이루자/ 175
9. 영성적 강자가 되자/ 199
10. 생활이 예배가 되게 하자/ 215

머리말

"파수꾼이여 밤이 어느 때가 되었는가? 파수꾼이여 날이 새려면 얼마나 더 남았는가? 파수꾼의 대답이 곧 아침이 올 것이다 그러나 또 다시 밤이 올 것이다."

(사 21:11-12)

"고요한 아침의 나라"의 밤은 더 깊어만 가고 사방에서 썩는 냄새는 이제는 코를 들고 살 수 없을 지경이다. 요귀출몰(妖鬼出沒) 하는 유곡(幽谷)의 길은 멀기만 한데, 늙고 병든 나는 지금 막대 짚고 서서 석양(夕陽) 길에 어쩔 줄 모르고 망설이기만 한다.

누구를 불러 봐야 하는지? 무슨 노래를 또 불러야 하는지…

동지(同志)도 없고 후계자도 없다. 희망이 있는가? 앞이 내다 보이는가? 이 나라 정치인들, 이 나라 종교인들, 사기 천재의 국민들. 그 누구의 인격도 믿을 수 없는 말들. 망언, 호언장담, 잠꼬대, 함부로 지껄이고 있다.

"너희는 예루살렘 거리로 빨리 왕래하며 그 넓은 거리에
서 찾아보고 알라 너희가 만일 공의를 행하며 진리를
구하는 자를 한 사람이라도 찾으면 내가 이 성을 사하
리라"(렘 5:1)

망언하는 정치가, 언행불일치하는 성직자… 창피스럽기만
하다.
우찌무라간조(內村鑑三)는 "이따위 놈의 날에 더 오래 살
고 싶지 않다고 일러라"고 유언한 심정을 느낄 수가 있다.
남보고 하는 말이 아니다. 우선 누구보다 나 자신이 싫다.
내가 기독교인이 된지 칠순이 되는데 일보도 정진이 없고 일
선(一善)도 없다는 사실에 이럴 수가 있는가? 개 꼬리도 삼
년을 묻어두면 황모(黃毛)가 된다는데…
할 수 없이 요즈음은 책상 앞에 무상(無常), 무아(無我), 무
위(無爲)를 써 붙이고 인생관을 다시 정비해 본다. 나는 지금
인생 참회자이기 때문이다. 여생(餘生)을 한줄기 눈물로 이어
가고자 하기 때문이다. 내 소리를 한 번이라도 들어주신 분들
께, 내 글을 한 번이라도 읽어 주신 분들께 죄송할 따름이다.

"어찌하면 내 머리는 물이 되고 내 눈은 눈물 근원이 될
꼬…주야로 곡읍(哭泣)하리로다"(렘 9:1)

"내 눈의 흐르는 눈물이 그치지 아니하고 쉬지 아니함이
여 여호와께서 하늘에서 살피시고 돌아 보시기를 기다
리는도다"(애 3:49-50)

1. 영성인이 되자

에스겔 골짜기

창세기 2:7에 "태초에 하나님이 천지를 창조하시고 인간을 만드실 때에 흙을 빚어 사람의 형상을 만드시고 그 코에 하나님의 기운(生氣)을 불어 넣으시니 사람이 생령(生靈)이 되었다"고 했다. 사람은 육체와 영혼의 두 요인의 복합체인데, 육체는 그릇에 지나지 않고 영혼이 진정한 나(我)이다.

육체는 동물적 본능에 지배 밑에서 살다가 얼마 후 사멸(死滅)할 운명이나, 영성은 영생불멸(永生不滅) 한다. 구원이란 육체가 아니라 인간의 잃어버린 영성을 회복하는 일이다. 육신이 진정한 나(眞我, true self)가 아니다. 육은 껍데기이며 허수아비이다. 영성이 참(眞) 나, 속(內面) 나, 깊은 나이다. 육아(肉我)만 위주하여 살면 자아를 상실한 자들이 된다. 서울의 일천 만 인구, 자동차 홍수, 이 모두는 영성이 죽은 자아를 상실자들로 보인다.

에스겔 37:2에 예언자 에스겔은 환상에서 해골이 가득 차 있는 골짜기를 보았는데, 그 상황을 두 가지로 표현했다:

골짜기의 지면에 뼈가 <u>심히 많고 아주 말랐더라</u>(겔 1:2)

예언자 에스겔의 사명은 "내가 생기로 너희에게 들어가게 하리니 너희가 살리라"(겔 1:5)는 것이었다. 태초에 불어 넣었던 신의 생기가 다시 들어가니 해골들이 살아났다.

한국의 국민 총 인구 4천만 속에 기독교인이 1천 2백만 명이라고 한다. 즉, 네 사람 중 한 사람이 기독교인이다. 한국 교회에 대해 나는 두 가지로 말할 수 있다. "심히 많다"와 "아주 말랐다"는 것이다.

심히 많고, 아주 말랐더라

한국 기독교가 얼마나 위태로운지 알고 있는가?
세계 10대 교회 가운데 첫째와 둘째가 한국에 있다. 세계

50대 교회 가운데 23개가 한국에 있다. 서울에는 교회가 다방보다 많다. 같은 빌딩, 같은 층에 교회 간판이 일곱 개가 있는 데도 있다. 신학교가 300개나 된다. 일 년에 쏟아져 나오는 신학생이 수천 만 명이요, 목사가 6만여 명이다. 에스겔이 한국 기독교의 예언적 환상을 본다면 한 마디로 말해서 "심히 많다." 그리고 그들의 영성은 "아주 말랐다." 모두 앙상하다. 해골이 골짜기에 꽉 찼다.

한국은 불교의 나라로 불교 신도가 기독교인보다 많다. 그 큰 불교를 다스린 불교의 거물 이성철 스님이 종정(宗正)의 자리에 오르면서 첫마디가 "절간은 도둑놈들의 소굴이다. 중놈들은 목탁을 치며 부처를 팔아 먹고 사는 도둑놈들이다"였다.

국민의 25%가 기독교인 나라

한국 기독교도 마찬가지이다. 이렇게 타락하고 속화(俗化)되었는데, 구태의연(舊態依然)하게 개혁도 안 되고 혁신되지도 않는 현실 교회도 마찬가지이다. 현재 우리 나라의 기독교 교세는 전 국민의 25%가 기독교인인데, 21세기 운동하는 지도자들은 전체 국민 수의 50%를 기독교인이 되게 한다는 운동을 목표로 계획을 세우고 있다.

그러나 이제 더 부흥이 안된다. 어린이와 청소년들이 교회에 나오지 않는다. 이제는 한국 교회의 부흥은 둔화되어 간다. 개척 교회들이 매일 일곱 개씩 줄어든다고 한다. 신학 대학원을 나온 당당한 목사들도 갈 데가 없고, 시골 산간 벽지까지 교역자로 꽉 차 있다.

K 교수가 한국 교회의 현황을 시찰하러 다녀 보고 말하기를 "서울에서 3만 명 모인다는 세계에서 제일 크다는 교회의 예배에 참석해 보았는데, 설교는 20분만 하는데 그것도 거의 잡담이었다고 한다. 연보 시간에는 목사는 연보 봉투를 한 아름 안고 나와 일일이 이름 부르고 기도해 주었는데, 시간이 많이 소비되더라"고 했다. 일종의 영업을 하는 것이다. 그는 또 금식 기도원에도 가 보았는데 한마디로 말해 '개판'이었다고 했다. 말하자면 교회의 영성이 죽었다는 것이다.

개신교에서는 교회에 반복 예배가 신앙 생활의 전부인 사람을 가리켜 예배교인, 혹은 교회인(敎會人)이라 한다. 교회도 예배도 형식밖에 남은 것이 없다. 그것이 형식주의(形式主義)이다. 영성 따위는 완전히 도외시되고 무시하고 관심이 없다.

한국 개신교인의 생활은 지극히 형식적이요, 바닥이 얕은 바싹 마른 해골 골짜기이다. 불쌍한 교인들은 매번 예배만 반복하고 살며, 에스겔 골짜기에 껍데기 마른 뼈다귀를 핥고 다닌다. 교회에 가나, 예배를 보나 설교를 밤낮 들으나, 심령에 조금도 만족이 없다.

미국 로버트 슐러 목사는 "교회도 하나의 기업이다. 목사도 먹어야 산다. 그런 고로 무슨 방법을 쓰던지 교인들이 많이 나오도록 해야 하고 연보도 많이 내도록 해야 한다"고 했다.

나는 96년에 캐나다의 토론토를 여행하면서 한국 교포들의 개신교 예배에 참석했는데, 그들이 드리는 예배는 형식적이고 영성이 메마른 예배였다. 우크라이나에 있는 정교회도 방문한 적이 있는데, 그 교회의 건물만 제일 크고 성화(聖畵)만 정면에 찬란했다.

여행 중 빈야드 교회(크리스천 펠로우쉽)의 예배에도 참석한 적이 있는데, 농담 섞인 사회자의 태도라든지, 북과 기타를 치며 찬송하는 모습, 예배 후에 포도주 잔을 들고 서서 대화하는 등의 모습이 엄숙한 분위기는 없고 무질서하다는 느낌이 들었다. 모두 무질서하다. 해골 골짜기에 뼈만 앙상할 뿐이다. 수도원을 방문해 보았더니 수녀와 수사들은 극히 소수이다. 그러나 지극히 고요하고 정적하고 신령한 분위기가 감돌았다.

한국 교회는 그동안 온갖 방법을 다 써서 부흥하려고 했으나 이제는 부흥이 둔화되니, 근래에는 빈야드 운동을 도입해 부흥시켜 보려는 목사들이 일어나고 있다.

무슨 일이든 자문해 보라: "이것이 영성을 살리는 것인가?"

개신교 모든 부분, 모든 운동마다 다른 것은 묻지 말고 영성을 물으라. 영성을 살리라. 교회 건물에서도, 예배에서도 영성을 살려야 한다. 성가대도 영성을 살리는 성가를 부르고,

목사의 설교도, 청소년 운동도 영성을 살리는 것이 되어야 한다.

그동안 한국 교회 부흥의 표준은 영성에 있지 않고 외부적 성장에만 힘써 왔다. 교인 수, 연보 금액, 교회의 크기 등이 기준이 되었다.

어느 시인이 쓴 이런 시가 있다.

> …
> 지붕 위 뾰족한 종탑 위에
> 십자가는 발돋움하고
> 하늘을 손짓하고 서 있는데
> 깨어진 뚝배기 두드리는 듯한 종탑 밑 마루에
> 엎드려 아바 아버지를 부르는 신도들이야
> 고의나 치마로 꼬리 감춘 각종의 여우들
> …

고린도전서 2:13-16에 "신령한 일은 신령한 것으로 분별하느니라 육에 속한 사람은 하나님의 성령의 일을 받지 아니하나니…이런 일은 영적으로라야 분변함이라 누가 주의 마음을 알아서 주를 가르치겠느냐 그러나 우리가 그리스도의 마음을 가졌느니라"고 했다.

교회와 지도자들은 다른 데 목적을 두어서는 안 된다. 한국 개신교 영성은 다 죽었다. 개신교인들의 영성은 해골 같이 앙상하다. 영성을 살려야 한다. 교회의 영성을 살려야 한다.

로마서 2:28-29에 모든 교회와 모든 교역자와 기독교인은 다 같은 교인이 아니라고 했다. 표면적인 교인과 이면적인 교인의 구별이 있다고 한다. 평범한 교회, 예배 교인과 영성인의 구별이 있다. 지상의 교회에는 알곡과 죽정이가 섞여 있다.

　종교의 표면에 붙지 말고, 내면에 깊숙이 붙어야 한다. "파라 파라 깊이 파라! 얕추 파면 망한다"고 이세종 선생은 말했다. 깊이 파고, 깊이 깨닫고, 깊이 믿어야 한다.

구약 시대의 대표적인 종교가들: 제사장과 예언자

　구약 시대의 대표적 종교가에는 두 가지가 있었다. 즉 제사장과 예언자였다. 제사장은 세습적이요 직업적인 종교가들이었는데, 그들에게는 영감이 전무(全無)했다. 영성이 죽어 있었다. 그러나 예언자들에게는 영성이 비오듯 쏟아졌다. 예언자들은 영성이 무르익은 종교인들이었다.

　오늘의 종교자들은 직업적 종교가들이다. 몇 해 전 한일 교역자 성장회에 강사로 초빙받은 적이 있었다. 그 때 일본 목사들의 숙소에는 휴지 한 장도 떨어지지 않았다. 일본인들은 집회 시간 전에 나와 앞자리에 앉아 준비하는데, 한국 목사들은 동시 통역 이어폰을 훔쳐 가고, 강의 시간이 늦게 들어와 아무 데나 비스듬히 기대 앉아 강의를 들었다. 한국 기독교회와 교역자들의 반성을 촉구하는 나의 강의에 대해 일본 목사들은 매우 호감과 관심을 가진 것에 반해, 한국 목사들은 반성하려는 기미는 추호도 없고 오히려 야비한 욕설을 퍼부었다.

한국 교회는 더 이상 외부적 성장이 필요로 하지 않는다. 바울이 빌립보서 3: 18-19에 "내가 눈물을 흘리며 말하노니 여러 사람들이 그리스도 십자가의 원수로 행하였느니라 저희의 마침은 멸망이요 저희의 신은 배요 그 영광은 저희의 부끄러움에 있고 땅의 일을 생각하는 자라 오직 우리의 시민권은 하늘에 있다"고 했다.

그들은 성경과 그리스도의 정신대로 믿지 않고, 겉으로 신자 같이 보이나 모두가 쾌락주의자이며 향락주의자이며 무율법주의자이며 세속교인들로서 십자가의 원수들이다.

고린도전서 16:22에 "만일 누구든지 주를 사랑하지 아니하거든 저주를 받을찌어다"고 했다.

한국의 기독교인들이 존경받지 못하는 이유

오늘 한국 교회인의 90%는 기독교인으로서의 가치없는 비양심인, 비인간, 위선자, 사기꾼이라 한다. 목사, 장로, 권사, 수녀들도 상당수가 그렇다. 교회인(敎會人), 예배 교인, 형식적인 교인은 아직 영성인이 아니다.

나는 본래 수녀나 비구니(比丘尼)들을 보면 그들의 순결 때문에 무조건 존경해 왔다. 내가 손수 착복식(着服式)을 하면서 머리를 잘라 주고 수녀복을 입혀준 수만 해도 11명이나 된다. 그러나 지금은 은성 수도원에 찾아오는 수녀를 옛날처럼 존경하지 않는다.

여승(女僧) 한 분이 우리 수도원에 있겠다고 여러 번 찾아왔다. 그 여자는 연세대를 나오고 영어도 잘하고 찬송가도 잘 불렀다. 그러나 며칠을 두고 보니 술 마시고 욕 잘하고 물건 훔치는 땡초였다.

기독교인 수녀들도 겪어 보니 모두 이기주의자들이고, 히스테리 부리고, 순종하지 않고 공주같이 대우만 받으려 하고, 결국 속이는 배신자들이었다. 시집 가지 못해서 수녀 되겠노라는 여자도 있다. 수녀복만 입으면 모든 남자들은 무조건 자기를 존경해야 하고, 길에 나서면 승용차 기사들이 차를 세우고 태워 주니 오만해지고, 부모라도 수녀인 딸 앞에는 존칭어를 쓰고 존대해야 한다고 한다. "여자는 하루에 일곱 번씩 매 맞지 않으면 여우가 된다"는 옛 속담이 있다. 모든 여성이 그렇다는 것은 아니지만 이러한 경우를 당하면서 속으로 "여자들은 시집 가서 아기 낳고 남편에게 매도 맞고 배척도 받아 보아야 성화되는 것인가" 하는 생각이 들었다. 세파에 휩쓸려 고생 많이 한 여인들은 오히려 이들보다 더 인간적이다.

오늘날 많은 교역자들에게는 성심이 없다. 성신의 열매가 없다. 어느 신학교 집회 때 받은 인상이다. 당시 학장은 종교 다원주의로 말썽이 나 있고, 어느 교수는 포스트모던 신학자였는데 이로써 학내 분위기는 매우 혼란해져 있었다. 집회 도중 쉬는 시간에 신학생들은 산 구석 나무에서 숨어 담배를 피우는 모습이 눈에 띄었다. 어느 교수가 귀띔해 주기를 오늘 한국 신학교의 나이 먹은 교수들은 형식적으로 기도하는 정도이나, 젊은 교수들은 아예 기도하지 않는다고 했다. 지금의 신학자들만이 그런 것이 아니다. 옛날에도 그랬고 외국 신학자들도 그랬다. 내가 겪은 신학자들은 거의 모두가 학위와 전공한 학문으로만 가르치고 기도는 하지 않는다. 따라서 신학교 입학하고 일년까지는 모두 열렬한 유신론자들이나, 2학년 되고 나서는 반반, 졸업할 즈음에는 모두 무신론자가 된다고 한다.

지식과 인간 이성이 수긍이나 감동을 주는 것이 아니다. 영성, 영의 감동이 있어야 한다. 그것이 참 신학이다. 지식 탐구, 학위 따기에 지나치게 열중하지 말아야 한다.

프란치스코는 순진성과 천진난만으로 온 수 백년이 지난 지금까지 유럽과 온 세계의 사람들에게 감동을 주고 있다. 그는 영성을 살리기 위해서 학문을 배격했다.

어느 신학교 신대원 집회에서 나는 "박사 학위는 개에게 주어도 먹지 않는 것이다"고 했더니 오히려 박수 갈채를 받았다. 요즘은 목사가 박사라고 하면 더 천해 보인다. 일본 박사는 가짜가 없으나, 한국 박사는 가짜가 많다. 교역자가 그것을 탐해 무얼 하겠는가? 영성을 갈망해야 한다.

오늘 교역자들이 도대체 무엇을 하고 있는지 모르겠다. 직업적 세습적 제사장에게 신의 영감은 내리지 않는다. 예언자의 넋이 되어야 한다.

일반 세인들의 목사에 대한 평은 그리 곱지 않다. 개신교 예배 분위기도 개선을 해야 한다. 잠든 영성을 깨우고 개발하고 길러야 한다. 인간은 확실히 영성적 존재이다. 인간의 영성은 신의 기운과 입김이다. 잠든 영성을 살려라.

모든 기독교 운동과 목회도 지식 위주, 신학 교리, 교회 주의, 인간적 수단과 방법, 테크닉은 되도록 쓰지 말자. 매스컴을 지나치게 이용하고 있다. 그런 것으로 기독교 운동은 할 수는 있으나, 영성은 만들 수 없다. 그런 것으로는 양들의 영성을 죽인다.

하나님은 영이시니…

예수님께서는 "하나님은 영($\pi\nu\epsilon\hat{u}\mu\alpha$)이니 예배자가 신령($\epsilon\nu\ \pi\nu\hat{\epsilon}\mu\alpha\tau\iota$)과 진정($\alpha\lambda\eta\theta\epsilon\iota\alpha$)으로 예배하지 않으면 안된다"고 하셨다. 영이신 하나님과 동질(同質)을 이루어야 한다. 교회 생활, 예배 반복만으로 영성을 살려 낸다는 것은 어렵다. 실제 대부분 개신교회와 교역자, 교인들의 영성은 죽은 상태이다.

스가랴 4:3-13에 등대 곁의 두 감람나무에서 두 금관을 통해 기름이 등대에 흘러 내렸다. "이는 힘으로 되지 아니하며 오직 나의 신으로 되느니라"고 하였다.

목사의 명 설교가 문제가 아니다. 청중들의 영성을 살려 내는 것이 중요하다. 설교자 뒤에는 설교자의 목소리 아닌 또 하나의 소리를 들어야 한다. 우쭐거리는 부흥사들의 꼴이란 차마 눈으로 볼 수 없을 정도이다.

옛날 부천 지방 연합 집회 때 장로가 나와서 대표 기도하기를 "하나님이시여, 물질의 영을 내려 주옵소서. 땅끝까지 지배하게 하여 주옵소서"라고 하였다. 그는 자신이 하는 기도의 뜻이 무엇인지도 모르고 나오는 대로 지껄이는 듯 했다.

개신교 모든 운동은 그 어느 것에서도 "영성을 살리는가"의 여부를 물어야 한다. 한국 개신교 50주년 희년에 시찰 왔던 미국 감독이 안내 받으며 계속 "좋다(good), 좋다(good)"고 연발하더니, 나중에 하는 한 마디는 "그러나(but), 거기에는 성령이 없소"라고 했다.

종교 지도자들과 목사들에게 중요한 것은 첫째도 영성, 둘째도 영성이다. 옛 선배 목사들은 심령이 메마르면 보따리를 싸 들고 깊은 산에 들어가 엎드려 기도하였다.

이현필 선생은 전도할 때에 깊은 산골짜기에 홀로 사는 농부를 찾아 30리나 걸어가, 그날 밤 그 집에서 함께 자며 무우를 깨물며 "여보, 밭에 담배를 심어서는 안 돼."라고 권했다.

요사이의 한국 기독교에 변화의 바람이 일고 있다. 수도원 운동을 가르치고, 영성신학을 가르치는 과목이 신설되었다. 어느 대학교의 기숙사에서는 영성훈련을 한다고 한다.

데이빗 브레이너드는 밤새도록 기도하고 나면 전신이 땀에 젖어 땀을 짜는 듯 했다. 조지 폭스는 설교할 때, 큰 성경책만 들고 강단에 올라가 영감이 올 때까지 10분이고 20분이고 성경책을 들고 왔다 갔다 하다가 영감이 내려야 설교를 했다.

경건한 신앙생활의 요소들

경건한 기독교인 생활을 하는 데는 몇 가지 기본적인 요소가 있다. 즉 올바른 교리, 도덕적 경건 생활 등을 들 수 있다.

오늘날 가장 사멸의 위기에 허덕이는 것은 전 국민과 전 기독교인들이 영성이 죽고 짐승의 나라화 되었다는 것이다.

영성신학은 영성론이 아니다. 교의학이 아니다. 본래는 영성생활, 완덕에의 길, 기독교 윤리학, 신비 신학, 혹은 성인학(聖人學)이라고 불려 오던 것을 근래에 와서는 영성신학이라고 한데 묶어 사용하고 있다.

영성 신학은 교의학이 아니라 기독교인의 실천, 성인들의 생활에서 많이 배운다.

창세기 2:7에 태초에 하나님이 흙으로 빚어 인간의 형상을 만드시고 그 코에 하나님의 기운(프뉴마)으로 불어 넣으시니 사람이 생령이 되었다고 가르치고 있다. 현대 심령학과 과학에서는 사람마다 그 육체 위에 영의(靈衣; 영의 두루마기)를 입고 있다고 한다. 이를 오라(aura)라 하기도 한다. 오라는 사람에 따라 색깔이 모두 다르다.

불교의 기본이 되는 핵심 요소는 "마음(心)"이다. 팔만대장경이라 해도 결국 마음 두 글자에 그친다고 한다. 동양 철학의 기본 요소는 "기(氣)"이다. 기독교의 핵심 요소는 영성이다.

기독교의 모든 운동의 목표는
영성을 살리는 데에 있어야 한다.

기독교의 모든 운동의 근본 요지는 인간의 영성을 살리자는 것이다. 그것뿐이다. 영성을 살리지 못하면 기독교의 모든 활동은 허사이다. 기독교 모든 실제는 영성의 여부에 관련되어 있다. 종교개혁 이후 개신교의 문제는 도덕이 문란하고 분열이 계속되고 개신교의 영성이 죽었다는 것이다. 수도원의 장점을 보지 못하고 당시의 단점만을 보아서, 수도원을 완전히 배격한 루터는 큰 잘못을 저지르는 결과를 가져 왔다.

우리가 하는 모든 운동과 행사, 모든 조직과 모임 활동에서는 시종 교인들의 영성 살리려는 것인가를 따져 봐야 한다. 웅장하고 화려한 교회 건물을 지을 때에도 "건물이 영성을 살릴 수 있는 것인가"를 물어야 한다. 다채로운 예배나 미사를 드릴 때에도 먼저 "그 예배 속에 영성을 살리고 있는가"를 물어 보아야 한다.

가톨릭이나 기타 종파에서는 예배를 드리던지, 설교를 듣던지 꼭꼭 성령의 감화가 있었다고 감사드린다.

기독교의 영성은 하나이다. 그러나 교파에 따라, 성인에 따라 다양성을 띠고 나타난다. 가톨릭적 영성과 개신교적 영성은 서로 질이 다르다고 볼 것이 아니다. 둘 다 기독교인의 "한 영성"이다. 질이 다를 수 없다. 가톨릭은 상향식이고 개신교는 하향식이라는 주장을 하나, 가톨릭을 무조건 마귀의 장난이라고 배타하는 개신교인들이 있다.

> "은사는 여러 가지나 성령은 같고… 또 역사는 여러 가지나 모든 것을 모든 사람 가운데서 역사하시는 하나님은 같으니…이 모든 일은 같은 한 성령이 행하사 그 뜻대로 각 사람에게 나눠 주시느니라"(고전 12: 4, 6, 11)

교회 목회도 교회 운영도, 건물 크기, 교인 수, 연보 액수에 목표를 두지 말아야 한다. 영성을 살리고 있는가의 여부에만 중점을 두어야 한다. 그동안 한국 개신교의 외부적 성장에만 열중해 온 교회는 큰 잘못을 저질렀다. 예수님께서 "너희는 세상 소금이다 세상의 빛이다"(마 5:13)고 하실 때, 교회의 기독교인의 소금과 빛은 영성과 도덕적 생활을 뜻한다.

기독교회와 교인의 도덕적으로 타락하던지 영성이 죽었으면, 기독교는 세상에 소금도 빛도 되지 못한다. 그래서 영성신학은 기독교 윤리 신학, 신비 신학, 완덕의 길, 또는 성인학(聖人學)이라고 불러왔다. 교의학(敎義學)이 아니다.

성인을 사모하고 배우고 본받아야 영성이 산다. 높은 도덕 개념, 경건 신비적인 깊이, 수도사적인 고독과 침묵, 금욕 고행이 수도자의 이상이다. 인간은 천사와 악마 사이를 왔다갔다 하는 존재라고 한다. 세속, 육(肉)의 욕정, 동물적 본능을 따르는 옛 생활을 대혁신하고 하나님 중심의 영성을 살리는 것을 위주하는 생활을 해야 한다.

세상과 육에 빠지면 영성은 죽는다

갈라디아서 5:17에는 "육체의 욕정은 성령을 거스리고"라고 했으며, 5:24에는 "그리스도 예수의 사람들은 육체와 함께 그 정과 욕심을 십자가에 못 박았느니라"고 했다.

영성을 살리기 위해 영성생활에 반대되는 육(肉)의 욕정, 세상의 향수와 관심을 끊어야 한다. 세상과 육에 빠지면 영성이 죽는다.

물질에 대한 욕심이 탐욕(貪慾)이요, 인간 애정에 얽힌 욕망은 애욕(愛慾)이요, 세속에 대한 향수와 미련이 속정(俗情)이다. 영성생활을 하려면 이 모든 욕정을 끊어야 한다.

"그리스도 예수의 사람들은 육체와 함께 그 정과 욕심을 십자가에 못 박았느니라"(갈 5:24)

"이 세상이나 세상이 있는 것을 사랑치 말라"
(요일 2:15)

"그리스도 예수의 사람들은 육체와 함께 그 정과 욕심을 십자가에 못 박았느니라"(갈 5:24)

기독교인의 3대 적(敵)은 육신과 세상과 마귀이다. 육신의 원수는 죽여도 되살아나는 집요한 원수요, 세상은 향수심을 일으키는 원수이며, 마귀는 자기의 정체를 드러내지 않는 원수이다.

바울은 선한 싸움을 싸운다고 했고, "내가 내 몸을 쳐 복종시킨다"고 했다. 기독교인에게 있어서는 모든 것이 자기 영성을 살리기 위한 싸움이다. 영성생활을 하려면 영적 싸움(spiritual warfare)을 해야 한다.

이 세상은 바벨론이다. 세속적인 이승에 살며 우리 주위에 있는 모든 사물은 우리의 영성을 죽이는 적들이다. 세속적인 교회도 마찬가지이다.

"너희는 이 세대를 본받지 말고 오직 마음을 새롭게 함으로 변화를 받아 하나님의 선하시고 기뻐하시고 온전하신 뜻이 무엇인지 분별하라"(롬 12:2)

기독교인 모임에는 세속적 분위기, 속된 소란을 일소(一掃)해야 한다. 단순한 교회 생활과 예배의 반복만 가지고는 안심할 수 없다. 모든 동물, 곤충, 바다의 물고기와 초목들까지 공기를 호흡해야 살 듯이, 기독교인들은 마음의 창을 늘 하나님께 향하고 영성을 불러야 한다.

끊임 없는 기도, 명상하는 마음, 영적 독서

기도는 영의 호흡이다. 끊임없이 기도와 명상하는 마음을 갖고, 영적 독서를 하자. 우리가 함께 모일 때에는 경건한 감정을 가져야 한다. 신비스러운 영의 감동과 법열(法悅)이 느껴져야 한다. 서로 대할 때면 그윽한 영의 감화력이 있어야 한다.

언젠가 참석했던 동광원 수련회의 분위기가 생각난다. 깊은 농촌에 파묻혀 예수님께만 청빈(淸貧)과 순결(純潔)을 바치며, 고독과 침묵 속에 청춘을 불사르며 살아가는 은수녀(隱修女)들! 그리스도의 정배(淨配)로 검은 치마 저고리를 입고, 생전에 파마 한 번 않고, 크림이나 분 한 번, 루즈 한 번 발라 본 일 없는 그들의 체취에선 땀 냄새밖에 나는 것이 없다. 그러나 그들 영성이 그 속에서 살아 있다.

프란치스코의 일생의 기도 제목은 "내 주여 나의 전부여"였다. 소화(小花) 데레사는 "나는 예수 한 분만을 사랑하기 위해 태어난 목숨이다"라고 했다.

우리의 일생 동안 자기 영성을 살리고 지키는 일에만 전심전력을 다해야 한다. 하나님께서 인간을 창조하실 때에는 내가 없이 하나님 단독으로 하셨지만, 지금 나를 성화시키시고 영성을 살리시는 사역은 나와 함께 하시지 않으면 안 된다. 하나님은 우리의 자유로운 협력을 원하신다. 우리 마음대로 영성을 살리려면 살려 내고 죽이려면 죽일 수 있는 것이 아니다. 성령님은 우리 마음대로 "오시오" 하면 오시고, "가시오" 하면 가는 영(靈)이 아니다. 우리가 영을 거슬려 속되게 살면 영성은 죽는다. 현대 교회가 교회 문을 활짝 열어 놓고 세속을 그대로 받아들이면 영성은 파멸한다.

오늘날의 개신교의 영성은 죽기 마련이다. 교인들이 육의 욕정과 본능의 욕정대로 살고, 교회가 물량적으로 비대하고, 교회 문을 활짝 열어 세속을 받아들여 프리섹스를 공공연히 인정하고, 배금주의(拜金主義)와 쾌락주의에 만연 되어 있다면 한국 교회는 영성이 죽고, 그로 인하여 망하고 말 것이다.

타락한 세상 속에서 자신을 지키는 방법을 알아야 한다. 종교적 형식주의나 외면적 신심(信心)에서 벗어나야 한다. 두뇌와 마음의 밸런스 조정을 잘 해야 영성을 살린다. 이성에서 신앙에 치중하기 위해 성령의 조명(照明)을 받아야 한다.

영성생활의 목적은
또 하나의 예수가 되는 것

독일 신비주의의 대가(大家) 엑하르트는 우리들 영성의 생활의 목적은 "사람이 하나님 말씀에 의해 새로 나서 또 하나의 예수가 되는 일이라"고 말했다. 그것이 그의 영성이다.

신비주의 관상 생활, 경건주의, 수도원 등은 일반 교회의 생활이나 예배 반복보다 깊은 길이요, 영성과 직접적 관계를 갖고 있고, 하나님과의 영혼의 일치를 이루는 심오(深奧)에 나가는 길이다. 영성을 생명의 샘이다. 보나벤투라는 영성의 생활의 3 단계를 정화(淨化)의 길, 조명(照明)의 길, 일치(一致)의 길이라 했다.

영성을 살리려는 경건한 기독교인들의 노력은 치열한 영적 전쟁이다. 기독교인들에 있어서 영성을 살리는 일이 가정보다 더 귀중한 일임을 깨닫지 않으면 안 된다.

가정 주부 김천자는 이현필 선생과 만나고는 수녀가 되어 영성을 살리고자 남편과 자녀를 버리고 가출해 수녀가 되었다. 쟌느 드 샹달은 남편이 죽고 3남매의 자녀를 둔 어머니였지만, 울부짖는 자녀들을 버리고, 울며 막는 막둥이의 허리를 넘어 수도원에 들어갔다.

교회의 세속화를 막아라

현대 교회의 세속화 운동은 매우 경계해야 한다. 신자들의 영성이 위험하다.

이집트에 있는 성 안토니 수도원은 주위를 높은 성벽을 쌓고 출입문이 없다. 방문자나 들어올 음식물이 있으면 광주리를 이용했다. 토마스 아켐피스는 일생 수도원에서 나오지 않고 그리스도를 본받아서 살았다. 수도사, 수녀들, 성인들의 영성생활의 승리의 비결을 많이 연구하고 모방해서 실천해야 한다.

수도원에는 봉쇄(封鎖) 수도원, 관상 수도원, 노동 수도원 등 구별이 있다. 주상(柱上)의 성자 시므온의 영성생활도 특이하다.

모든 악기를 안 쓰고 무악기(無樂器)로 예배드리는 교회도 있다. 그들은 될 수 있으면 현대 문명과 현대 예술의 영향을 안 받으며 영성을 살리려 한다. 캐나다의 어느 수도원에서는 전기를 쓰지 않는 곳도 있다.

아토스 성산에 있는 수도원에는 1천 년 동안 여성이라고는 한 번도 들어 온 적이 없다. 그들이 지키는 시간은 우리가 쓰는 시간과 다르다. 식사 시간도 찬송과 기도와 성인전을 들으며 침묵 속에 식사를 마친다. 수도자가 농부요 목수이다. 종교가 그들의 전 생활을 지배한다.

수도원에서는 식사 때도 고독과 침묵 속에 성인전을 듣는다. 입산해 우거진 나무숲 그늘에 앉아 십자가만 생각한다. 그리고 "노동은 기도"라는 생각으로 묵묵히 노동을 한다.

이현필은 "땅 파는 소리가 주의 소리"라고 했다. 분도 라브르는 13년간 거지로서 수도하면서 놀라운 영성인이 되었다. 아씨시에는 일생 동안 올리브 나무로 십자가를 만드는 남자가 있다. 일생 동안 천사만 그리는 사람도 있다.

수도 생활은 밭에 감추인 보화

수도 생활은 밭에 감추인 보화이다. 동광원 수녀들은 고행도 부모도 버리고, 반가운 이를 만나도 손 잡고 가슴을 안는 일이 없다. 그저 말없이 씩 웃을 뿐이다. 그들의 집회 처소 마루에서는 곰팡이 냄새밖에 나는 것이 없다. 그러나 그것이 바로 나드 향기다.

한국적 영성생활인의 근원이라는 평(評)을 듣는 이세종 선생을 보고 "예수를 어떻게 믿으면 잘 믿느냐"고 물으면 "물에 풍덩 빠지듯이 믿으라" 했다. 그는 말하기를 "예수 믿는 길은 좁은 문이다. 그것도 십자가를 지고 들어가는 좁은 문이다"고 했다. 그는 시골에서는 부자였지만 모든 것을 버리고 화학산 너머에 좁은 문의 움막집을 짓고 쑥을 뜯어 먹으며 살았다. 독사도 쥐도 빈대도 죽이지 않았다. 자기 아내 보고는 매(妹)씨라고 부르면서 남매로 살았다. 두 번이나 남의 남자에게 시집 가는 아내의 세간을 말없이 지게로 옮겨다 주었다. 그리고 가끔 심방 가서 전도했다. 찾아오지 말라는 아내의 구정물 벼락을 맞으면서도 계속 심방했다.

이현필 제자들이 선생 보고 "예수를 어떻게 믿으면 잘 믿습니까"라고 물었더니 "거지 오장치 짊어지고 다니듯 믿으라"고 했다.

"물에 풍덩 빠지듯 믿으라", "거지 오장치 짊어지듯 믿으라"고 한 이 분들이 바로 한국적 영성의 표본적인 성인들이었다. 그 한 마디에 한국적 영성생활이 잘 표현되었다. 실제로 그들은 그렇게 살았다.

밤낮 신학이 어떻고 칼 바르트, 부르너, 틸리히 신학, 유행 신학, 정통이니 보수주의니 하면서 예수 냄새나 지식 냄새만 콧등에 묻히고 돌아다니지 말고, 예수님께, 하나님 속에 풍덩 빠져야 한다.

무르익은 영성인

고린도전서 12:4-6, 11에 "은사는 여러 가지나 성령은 같고 또 역사는 여러 가지이나 모든 것을 모든 사람 가운데서 역사하시는 하나님은 같으니…이 모든 일은 같은 한 성령이 행하사 그 뜻대로 각 사람에게 나눠 주시느니라"고 했다.

기독교 영성의 본질은 하나이다. 그러나 각 사람에게 따라서 역사하시는 상태는 다양성을 띠고 있다.

이렇게 우리가 필요성을 말해 보는 일은 소용없다. 우리 자신이 영성인이 되어야 한다. 교회 건물이 크다든가 교인이 많이 모이는 것이 목적이 아니라, 영성을 살리는 노력은 치열한 영적 전쟁이다.

18세기 영국은 기독교 국가이면서도 어찌나 부패하고 타락했는지 영국인의 영혼과 영성은 다 썩어 버리고 인간적인 본능적 욕정에만 날뛰었다. 한 마디로 그 시대를 논하는 말이 있는데, "영혼은 죽고 위장만 살아 있다(Soul is extinct, stomach well alive)"는 말이다. 젊은 여자들은 밖에 나다닐 수 없고, 아이들은 "우리 아버지가 누군지 모르겠다"고 했다. 그 속에서 웨슬리가 일어나 중생, 회개, 성결을 부르짖고, 그는 50세까지 결혼도 하지 않고 영성 운동을 했다.

오늘날의 한국 사회상을 한 마디로 하자면 짐승의 나라이다. 성추행의 나라이다. 올림픽에 축구 대표를 보내는 데 수십억 원을 낭비하고 있다. 무슨 정치가 이 모양인지. 기독교인이 정치하는데 국민들의 영성은 몰살(沒殺)되고 있다.

어린아이를 성추행했다고 심문을 받은 마이클 잭슨의 공연은 허가되었다. 50개 단체가 반대 운동하였다. 대중 음악 소비자의 90%가 십대이고, 공연 입장권의 값이 일인당 10만원이나 하고, 32억 원을 허비한다. 많은 북한 동포들은 수재(水災)로 사망하고 굶주리고 있는데 우리는 퇴폐한 노래를 듣는 데 낭비한다. 이는 대통령의 세계화 이미지 향상을 위한 것이라 한다. 망국(亡國)에 부채질하는 꼴이다. 정치가들의 꼴이란 4천 만 국민들의 영성을 몰락시키는 데 부채질하는 꼴이다.

우리가 영성 회복 문제를 놓고 "어떻게 해야 영성을 살리는가"를 생각해야 한다. 기도의 사람만의 영성은 소생한다.

안토니의 재물(財物)과 가정을 버리고, 이집트 사막 속에 있을 때에 극의 영성의 시대는 무르익었다. 안토니와 베네딕트를 통해 중세 이탈리아의 영성의 밤은 밝혀졌다.

규칙적 습관적인 예배에 만족하지 말고, 깊은 영으로 영성을 진동시켜라. 진동시켜 보고 신을 부르고 사랑을 부르라. 신(神)이란 명사는 1초간 1조 84억 회 진동시켜 부를 수 있는 말이라고 한다. 그 순간 신(神)을 느낀다. 기도자가 무릎을 꿇은 그곳에 영적 물결이 일어난다.

교회가 외부적 성장, 물량적으로 비대해지고, 팽창주의 거대화, 세속화, 세속화, 배금주의로만 나갈 때 영성은 파멸하고 만다. 영성이 죽은 교인은 구원도 문제이다.

모세의 영성

모세는 40일간 시내 산 구름 위에서 하나님을 대하고 십계명과 율법을 받았고, 그가 세상에 내려왔을 때 얼굴이 태양같이 빛났다.

이사야의 영성

이사야는 기도 중 지극히 높은 신의 보좌를 보았고 스랍 천사들이 "거룩 거룩 거룩"하며 하나님을 찬양하는 광경을 보았다. 특히 그는 메시아 예언자로 유명하다. 그는 아내가 있었고 두 아들에게 자기 예언의 메시지로 이름을 지었는데 "스알야숩"이라 했다.

바울의 영성

바울은 로마 시민권, 학벌, 결혼, 바리새파도 버리고 그리스도와 십자가만 사랑했다. 바울은 셋째 하늘에 들려 올라가기도 했다. 그는 네로 황제 때 찬란한 순교를 했다.

썬다싱의 영성

썬다싱은 그리스도의 임재를 강조하였다. 그는 "고요한 곳에 찾아 들어가시오. 그 때 당신은 신의 음성을 들을 것입니다"고 했다. 싱가폴에 있는 일본 목사댁을 방문한 그의 옷에서는 빛이 나는 듯 했다고 한다. 미국인과 히말라야 산장에서 기도할 때에 그는 밤중 내내 호랑이를 타일렀다. 티베트 전도 중에 사형(死刑)의 우물에 던져지기도 했다.

히말라야의 마하리쉬

본래 이슬람 교도 부모 밑에서 자라 기독교로 개종하고 75

세까지 전도하다가 히말라야에 입산해서 수도생활을 했다. 티베트 전도 가다가 눈에 미끄러져 기절한 썬다싱을 자기 동굴에 옮겨 놓고 치료하였다. 그는 옷을 입지 않고 머리와 눈썹이 길게 자라 전신을 덮고 있었다. 해발 2만 척(尺) 이상 되는 카이라쉬 동굴 속에서 약초를 캐 먹으며 살고 있었는데, 그 때 그의 나이가 3백 살이라고 했다. 영으로 세계를 심방한다고 하며, 예수님께서 천사들을 거느리고 와서 주님이 재림할 때까지 세계를 위한 중보의 기도를 하라는 사명을 주셨다고 한다.

아빌라의 데레사의 영성

스페인 아벨라 성의 귀족의 딸로 태어나 죽을 듯한 어려움을 겪으며 수도원에 들어갔다. 수도원도 더 엄격한 수도원을 세우고 이사갈 때 그 여자가 소유한 것은 꿰맨 수녀복에 고행띠와 맨발이었다. 그녀가 탁신(託身) 수도원 마당의 고난의 예수상을 안고 통곡하며 "이 피! 이 피!"라고 감격했다.

마더 테레사의 영성

폴란드 처녀로 18세에 인도 캘커타 빈민굴에 들어가 40년 이상 봉사하며, 쓰레기통에 버려진 아이를 주워다 젖 먹여 기르고, 문둥이의 피부를 어루만져 주고, 죽어가는 노인 곁에 앉아 발톱을 깎아주며 봉사하였다.

아토스의 성자 비안네

비안네는 무식하며 뒤늦게 성자가 되었다. 그는 가난한 시골 교인이었다. 자세한 명부를 작성해 기도하고 방문했다. 그가 사랑의 설교를 할 때는 몸이 떠올랐다. 비안네가 기도할 때면 마귀는 방문을 요란하게 두드렸다. 어떤 때는 곁에서 물장구를 쳐 가며 방해했다.

영성생활을 살리는 데 가장 효과적인 것이 예수님과 성인을 본받는 일이다. 예수를 믿어 의롭다 함을 얻고 예수를 본받아 성화되어간다. 바울은 고린도전서 11:1에 "내가 그리스도를 본받는 자가 된 것같이 너희는 나를 본받은 자가 되라"고 했다.

예수 그리스도와 성인을 본받는 생활은 가장 효과적이다. 달은 자체의 빛이 없으나 태양 빛을 반사해 빛을 비춘다. 태양의 거울이다. 성인은 예수의 거울이다, 성인을 본받는 것은 영성 생활에 큰 유익이다.

토마스 아켐피스는 수도원에서 나오지 않고 『그리스도를 본받아』라는 성경 다음으로 많이 읽히는 책을 썼다.

성 프란치스코의 영성

지금으로부터 800년 전인 12세기말은 유럽 역사와 기독교사의 위기였다. 세상의 부(富)와 세속 세력이 교회 내에 침입하여 존귀와 권력을 가진 교황과 교회가 영적 생명을 잃어버리고 형식적 종교가 근근이 이름만 유지해 가는데 하나님께서는 프란치스코를 탄생케 하셨다. 프란치스코는 예수의 가난 정신을 여성화(Lady Poverty) 시켜 자기 아내로 영접하고, 44세가 되기까지 일생을 주님께 "작은 가난한 자"로 헌신했다.

프란치스코는 성빈(聖貧)과 사랑, 고난의 그리스도께 가장 가까운 가난과 사랑에 살았다. 그는 당시 다 무너져 가는 로마 교회, 죽어가는 교회를 산 교회로 만들기 위해 사람들 마음 속에 신선한 사랑과 청빈과 평화의 영성을 불어넣었다. 특히 프란치스코의 영성은 자연계에 충만한 하나님의 사랑에 대한 어린아이 같은 천진난만한 감격으로 찬양을 했다.

태양의 노래

온 천하 만물들이 우러러
다 주를 찬양하여라
할렐루야 할렐루야
지금 빛나는 밝은 해
저 은빛 나는 맑은 달
하나님을 찬송하라
할렐루야 할렐루야

프란치스코는 태양을 보고는 형님이라 부르고, 달을 보고는 누님이라 부르고, 불을 "아롱진 형제 불"이라고 하여 아궁이에 타고 있는 불이 "저절로 꺼질 때까지 끄지 말라"고 했다. 또한 물을 누님이라고 하여 세숫물도 발로 밟지 않았다. 살인 늑대에게도 "형제여"라고 했다. 모든 생물과 산천초목도 사랑의 대상인 형제 자매였다.

한 번은 숲속에서 군중들에게 설교하고 있는데 난데없는 새떼들이 몰려와 설교를 들을 수 없게 되자 프란치스코는 새떼를 향해 "형제 새들이여, 조용히 하시오"라고 했더니 조용했다.

프란치스코의 영성의 절정은 특히 십자가에 달리신 예수 그리스도의 사랑과 고난을 통곡하는 것이었다. 예수 그리스도처럼 살기를 갈망하는 그는 세상 떠나기 2년 전 깊은 라 베르나 산의 동굴에 들어가 40일 동안 단식을 계속하면서 두 가지 제목의 기도를 드렸다.

"주여 내가 세상을 떠나기 전 두가지 은혜를 주옵소서. 하나는 주님이 저를 위해 겪으신 고난을 저의 영혼에도 육체에도 체험하게 하여 주옵시고, 또 하나는 주님의 가슴에 저를 사랑하시던 그 불붙는 사랑을 저도 주님 향해 가지게 하여 주옵소서."

이 기도를 끝 맺은 프란치스코는 스랍 천사를 보았고 예수님의 성흔을 손과 발과 옆구리에 받았다.

평화의 노래

주여 나를 평화의 도구로 써 주소서
미움이 있는 곳에 사랑을
상처가 있는 곳에 용서를

분열이 있는 곳에 일치를
위로받기보다는 위로하며
이해받기보다는 이해하며
사랑받기보다는 사랑하며
주님의 온전한 믿음으로 영생을 얻기 때문이니
주여, 나를 평화의 도구로 써 주소서

클라라의 영성

아씨시 성주의 딸 클라라는 사순절 예배를 산 조르지오 교회에서 보면서 그날 프란치스코의 설교를 들었다. 그날 프란치스코는 사람이 아니라 불타는 스랍 천사였다. 큰 감동을 받은 그녀는 종려주일 새벽, 성의 사자(死者)의 문으로 도망쳐 가출하여 당장 프란치스코에게서 금발머리를 자르고 수녀가 되었다. 클라라는 프란치스코의 영성 속에서 "가난한 클라라회"를 만들었다. 클라라는 일생 병상에서 병과 싸우면서 살았으나, 그녀의 기도는 사라센 교도의 아씨시 침공을 기적으로 수호했다고 한다.

2. 탁발정신을 실천하자

신앙의 두 줄기 흐름

"이후에 주께 달리 칠십 인을 세우사 친히 가시려는 각 동 각처로 둘씩 앞서 보내시며 이르시되 추수할 것은 많되 일군이 적으니 그러므로 추수하는 주인에게 청하여 추수할 일꾼들을 보내어 주소서 하라 갈찌어다 내가 너희를 보냄이 어린 양을 이리 가운데로 보냄과 같도다 전대나 주머니나 신을 가지지 말며 길에서 아무에게도 문안 하지 말며 어느 집에 들어가든지 먼저 말하되 이 집이 평안할찌어다 하라 만일 평안을 받을 사람이 거기 있으면 너희 빈 평안이 그에게 머물 것이요 그렇지 않으면 너희에게로 돌아오리라 그 집에 유하며 주는 것을 먹고 마시라 일꾼이 그 삯을 얻는 것이 마땅하니라 이 집에서 저 집으로 옮기지 말라 어느 동네에 들어가든지 너희를 영접하거든 너희 앞에 차려 놓은 것을 먹고 거기 있는 병자들을 고치고 또 말하기를 하나님의 나라가 너희에게 가까이 왔다 하라 어느 동네에 들어가든지 너희를 영접지 아니하거든 그 거리로 나와서 말하되"
(눅 10;1-11)

예수님께서는 좁은 문이 있고 넓고 큰 문이 있다고 하셨다.

"좁은 문으로 들어가라 멸망으로 인도하는 문은 크고 그 길이 넓어 그리로 들어가는 자가 많고 생명으로 인도하는 문은 좁고 길이 협착하여 찾는 이가 적으니라"
(마 7:13-14)

바울은 표면적 종교인과 이면적 종교인의 구별이 있다고 했다.

"대저 표면적 유대인이 유대인이 아니오…오직 이면적 유대인이 유대인이며"(롬 2:28-29)

이사야는 "바다의 모래 같은 이스라엘"이 있고 남은 자가 따로 있다고 하면서 "이스라엘이여 네 수효가 바다의 모래 같을지라도 남은 자만 돌아와 내 백성이 되리라"고 했다. 이사야 선지자는 아들의 이름도 이 예언을 말하려고 "스알야

습"이라고 지었다.

마태복음 25:1-13에는 기름 준비하고 신랑을 영접한 다섯 처녀가 있고 기름 준비 못한 다섯 처녀의 이야기가 있다.

어떠한 기독교가 되어야 마땅한가?

오늘 우리는 어떠한 기독교인이 되어야 마땅하겠는가? 기독교인으로서 자기 입장을 점검하고 태도를 결정하자.

한강 물이 도도히 흘러도 천만 명 서울 시민의 집집에서 흘러나오는 썩은 하수에 오염되며 고기 한 마리도 살 수 없는 썩은 한강이 되었다. 개신교 오백 년 역사 한국 1천 2백만 명의 기독교도 도도한 듯하지만, 지금 나라의 꼴이 이 지경이 되었다.

표면적 한국 교회의 현황은 교인 수 1천 2백만 명, 교역자 수는 5만 6천 명, 교회는 3만 6천 개나 된다. 장로교파가 140개 파로 갈라지고, 대한 예수교 장로회 총회장이 무려 135명이나 있다. 신학교는 3백 개 가까이 있다. 한 교회의 교인 재적수가 70만 명이나 되고, 예배당 수용량이 1만 명을 수용할 수 있는 좌석을 갖춘 교회가 있다. 본 교회 외에 위성 도시에 은행 지점처럼 지교회를 세우고 주일마다 본 교회의 목사 설교를 TV로 중계한다.

미국의 로버트 슐러 목사는 크리스탈 교회를 세우고 큰 주

차장을 세우고 "교회도 하나의 기업"이라고 선포하고 있다. "목사도 먹어야 살 수 있으며, 무슨 방법을 쓰던지 교인 많이 모이게 하고 연보를 많이 걷어야 한다"고 한다. 음악회와 같은 재미있는 예배를 주장하면서 "여러분! 교회에 나왔다고 생각하지 말고 극장에 나왔다고 생각하시오"라고 하니, 모인 청중들은 박수로 그 말에 응답한다.

서울에는 특수 교회들이 많은데, 강남 지구에 부자들이 모이는 교회로서 수천 억대의 부자들만 모이는 특수한 교회가 있다. 교인 1만명 이 십일조 헌금을 낸다면 그 액수가 어마어마하다. 십일조를 수백만 원씩 내 놓는 이도 있다.

한국 교회의 헌금 종류는 38종이 있다. 주일헌금, 주정헌금, 월정헌금, 십일조, 건축헌금, 감사헌금, 헌신헌금 등등. 하나님은 돈에 속지 않고, 부자에 속지 않으신다. 큰 교회 목사들의 월급은 대통령의 월급보다 더 많다.

부흥사들의 집회에는 은사 집회, 축복 성회, 소나기 축복 성회, 신유 집회, 성신 폭발 대회 등등이 있다. 부흥회를 개최하고 부흥회 특별 헌금은 부흥사와 반분(半分)하기로 약조하고 헌금을 경매하는 부흥회도 있다. 집회에 헌금이 예산보다 더 나왔다고 더 내라고 싸움하는 부흥사가 있다.

한국 교회는 물질과 권력과 결탁(군사 정부에 아부)하고, 중산층과 부자들 마음을 즐겁게 해 주는 노리갯감 교회가 되었다. 중매해 주고 건당 천만 원씩 받는 중매가 주업인 목사도 있다. Selling Jesus!! 예수를 팔아 장사 잘 해 먹고 있다. 종교업자(宗敎業者)에게 매물(賣物) 예수이다.

한국 교회의 부흥 표준은 교인 수 확장, 연보 많이 짜내고 교회당 헐고 더 크게 짓는 것이 부흥이라 한다. 이런 것들은 모두가 예수를 믿는 것이 아니다. 교회 밖에 쫓겨난 예수! 매물(賣物) 예수! give and take 흥정 신앙! 현대 교회는 신(神)의 무덤이다. 그러나 예수 믿고 교인이 된다는 일은 원(原) 예수에게로 돌아가는 일이다. 귀족적 교회가 있는 대신 탁발(托鉢) 정신으로 나가는 지도자들도 있다.

예수 믿고 교인이 된다는 일은 원(原) 예수에게로 돌아가는 일이다. 지하수와 같이 숨겨졌으나 생명의 물줄기를 이어가는 이면적 흐름 생명의 좁은 길 가는 흐름도 있다. 수백 명의 교인을 거느리고 비닐 교회와 비닐 사택에 살며 자전거 수리점을 하는 목사도 있고, 천여 명 교인을 거느리고, 콘세트 교회에서 가장 큰 설교 운동을 하는 목사도 있다.

갈지어다, 갈지어다!

"예수께서 이 열 둘을 내어 보내시며 가라사대 이방인의 길로는 가지 말고 사마리아인의 고을에도 가지 말며 차라리 이스라엘 집의 잃어버린 양에게로 가라 가면서 전파하여 말하되 천국이 가까웠다 하고 병든 자를 고치며…너희가 거저 받았으니 거저 주어라 저희 전대에 금이나 은이나 동이나 가지지 말고 여행을 위하여 두벌 옷이나 신이나 지팡이를 가지지 말라 이는 일꾼이 저 먹을 것 받는 것이 마땅함이라 아무 성이나 촌에 들어가든지 그 중에 합당한 자를 찾아 내어 너희 떠나기까

지 거기서 머물라…"(마 10:5-11)

청빈(淸貧), 비하(卑下), 하좌(下坐), 인욕(忍辱), 고난(苦難)의 정신을 이 성경 구절에서 말하고 있다. 전도비 한 푼, 쌀 한 줌도 안 주고 탁발하라는 것이다. 예수님께서 제자들에게 이 정신을 그 때 한 번 해 보라는 것이 아니고 영원히 변치 않는 그리스도의 정신으로서 실행하라는 명령이다.

본문에서 나타난 기독교의 원 모습은 탁발 교단이었다. 탁발(托鉢)이란 거지들이 빌어 먹을 때 들고 다니는 바릿대를 들고 행걸(行乞)한다는 것이다. 다시 말해서 빌어 먹으며 전도한다는 뜻이다. 전도자는 멸시와 천대를 받으며, 거지의 모습으로 다니며 전도한다는 뜻이다.

신학이나 교리상의 그리스도를 말하지 않고 나사렛 예수의 새 그리스도관, 새 길, 새 기독론을 말하는 것이다. 이 세상에서 예수를 하나님의 아들, 만왕의 왕으로만 보지 않고, 가장 비천한 종, 머슴, 거지, 탁발, 바보 예수의 모습도 볼 수 있다. 예수님은 소위 슈퍼 스타가 아니다. 인간 중 가장 가난했던 예수님은 외양간에서 나서, 말구유가 요람이었고, 30년간 육체 노동과 목수일을 하시고, 돈 한 푼 없이 순례하신 예수! 그런 예수님의 면류관은 가시관이었다.

예수는 탁발 순례자였다. "여우도 굴이 있고 공중의 새도 둥지가 있지만 인자는 머리 둘 곳이 없다"고 하신 예수는 탁발 순례자였다. "섬김을 받으러 오지 않았고 섬기는 자로 생명의 희생자로" 사신 분이시다.

누가복음 10:1-24에 70문도를 파송하실 때에도 똑같은 희생 정신을 가르치셨다. "길에서 안부도 묻지 말라"고 하신 탁발

정신은 그 때 한 번 시범적으로 가르치신 것이 아니고, 예수님 하나님 나라에 운동의 변하지 않는 근본 정신이다. 기독교 모든 운동, 교회도, 목사도, 오늘날의 모든 기독교인은 이 정신으로 운동해야 한다.

예수님의 가르침의 최고 절정인 산상 수훈은 철저히 탁발 정신을 가르치신 것이다. 예수 그리스도가 구상한 이상적인 새 인종의 패턴인 천국민은 슈퍼 스타가 아니라는 것이었다. 예수님이 부르짖는 인간의 축복은 심령이 가난한 청빈자(淸貧者), 애통하는 자, 온유한 자, 마음이 청결한 자, 화평하게 하는 자에게 있다는 것이다.

바보 예수, 얼간이 예수, 머슴 예수!

인간적인 눈으로 볼 때는 바보 예수, 얼간이 예수, 머슴 예수이시다. "이쪽 뺨을 치는 자에게 저쪽 뺨을 대라"는 무저항(無抵抗)의 얼, "속옷은 달라는 자에게 겉옷까지 주라"는 인욕(忍辱)의 얼, "네 눈이 죄 지으면 뽑아 버리라"는 절대 순결의 얼, "낮은 자리로 내려가라"는 하좌(下坐)의 얼, "서로 발을 씻어 주라"는 세족(洗足)의 얼, "원수를 위해 기도하라"는 용서의 얼을 가르치셨다.

성경책만 들고 다니는 것이 아니라, 바릿대를 들고 나서라. 가운이나 예복이 아니라 머슴 옷과 농부의 옷을 입고 나서라.

교권주의나 교황, 감독, 총회장이 아니라, 종이나 거지로 나서 탁발 수도하는 수도자가 되라.

불교의 탁발정신

불교에서 중이 불도를 닦기 위해 수도하는 방법으로 집집으로 돌아다니면서 염불을 외우며 구걸하는 것을 탁발이라고 한다. 수도자가 집집 문전에서 의식(衣食)의 시여를 받는 수행이다. 불교에서는 수도자 12 두타행(頭陀行)의 하나가 탁발이다. 걸식, 걸행이라고도 한다. 탁발은 거지, 바보, 종으로 떨어지는 일이다. 지금도 동남아의 불교국가 태국이나 일본 승려들도 탁발을 한다.

비구(比丘)나 비구니(比丘尼)는 수도에만 전념하는 자들인고로 직장도 가정도 없이 완전히 무소유이다. 그들에게 있어서 소유라고는 오직 "삭발염의(削髮染依), 걸식, 분소의(糞掃依), 수하주거(樹下住居), 부뇨락(腐尿藥), 일발(一鉢)"로 만족해야 하고 재산을 저축하지 못한다.

일발(一鉢)은 걸식하러 다니는 바릿대의 하나다. 전체 소유가 그것 하나다. 그걸 들고 남의 문전에 서서 염불을 외우며 탁발해야 한다.

신약 성경에서의 탁발정신

 탁발정신은 종교적 수행의 가장 엄숙하고 심각한 방법이다. 철저한 무일물, 무소유, 가장 낮은 자리에 처하는 것, 자기비하, 그리스도의 고행에 동참하고 복음적인 생활에 나서는 것이 탁발정신이다. 예수님의 복음대로 살려는 이들은 탁발했다.
 예수 그리스도의 최고의 정신인 산상 설교는 탁발정신이다. 철저한 청빈, 순결 경신, 무(無), 무일물(無一物), 무소유(無所有), 이탈(離脫), 하좌(下座), 온유, 은밀, 세족(洗足), 인욕(忍辱), 무저항(無抵抗), 이 모두가 탁발정신이다.
 신약 성서와 예수님의 정신은 철저한 탁발정신이다. 즉비(卽非)―역설(逆說)의 정신이다. 죽으면 살고(死卽生), 가난함이 부요함(富卽貧)이며, 낮은 자리가 높은 자리이며(下卽上), 천박함이 귀함이다(賤卽貴).

> 가난한 자가 천국을 소유한다.
> 애통하는 자가 위로를 받는다.
> 온유한 자가 땅을 기업으로 받는다.
> 의에 주리고 목마른 자가 배부름을 얻는다.
> 자비한 자가 자비를 받는다.
> 마음이 청결한 자가 하나님을 본다.
> 평화한 자가 하나님의 자녀다.
> 의를 위하여 핍박을 받는 자가 천국을 소유한다

신앙과 예수를 위해 욕 먹고, 쫓겨 나고, 핍박을 받을 때 기뻐하고 즐거워하라. 돈을 만지지 말라. 지갑에 동전도 넣고 다니지 말라. 일체 소유를 갖지 말라. 가난한 자에게 나눠 주고 와서 나를 따르라. 자기를 부인하고 날마다 십자가를 지고 나를 따르라. 제 목숨을 사랑하는 자는 잃는다. 한 알의 밀알 같이 죽어야 한다.

이 모두가 탁발정신이다. 그냥 청빈 생활이 아니라 종이 되고 낮은 자리에 앉고, 남의 발을 씻어 주며, 자기를 낮추고, 남을 위해 희생하고, 복음을 위해 스스로 바보가 되는 일이다.

무자(無者) 예수, 탁발자 예수님은 "인자(人者)는 머리 둘 곳도 없다"고 하셨다. "나는 종으로 왔다"고 하신 예수를 본받아야 한다. 예수님은 기성 유대교에 가입하지도 않으시고, 자신의 교단도, 교회도 만드시지 않으셨다. 돈 한 푼도 없으셨다. 예수님이 다니시던 길은 갈릴리 해변과 광야와 밀밭 사이, 겟세마네 동산과 변화산과 베다니였다.

예수님보다 더 철저히 탁발정신을 부르짖은 이도 없다. 배고픈 자, 우는 자가 복이 있다고 하시면서, 한 알의 밀알이 되어 자기를 희생하려고 갈망하신 분이셨다. 세상이나 형제나 처자나 제 목숨이나 전토를 나보다 더 사랑하면 안 된다고 하셨다.

마태복음 23:7-12에 "랍비라 선생이라 박사라 지도자라 아버지라 칭함을 받지 말라"고 하셨다. 이 말씀은 "똑똑한 자, 똑똑한 체하지 말라. 바보가 되라. 빌어 먹고 사는 동냥아치가 되라. 큰 자는 섬기는 자가 되어야 하고, 높이는 자는 낮아진다. 머슴 종이 되라. 자기를 낮추는 자는 높아지리라"는 말

쏨이다.

 인기가 상승하고 성공한 자, 슈퍼스타, 목회에 성공한 자가 되려 하지 말고, 높은 자리에 오르려 하지 말고, 낮은 자리에 내려 앉으라. "내가 주도 되고 선생도 되며 너희 발을 씻기듯 너희도 서로 발을 씻어주라"는 말은 자기비하와 인욕과 세족의 정신을 말하는 것이다.

 종교적 특권 계급, 교권주의, 종교적 귀족, 교황, 감독, 총회장, 신학 박사, 이런 것들은 예수님 정신을 거슬리는 계급이다. 현재 한국엔 대한예수교장로회 총회장이 135명이나 된다고 한다.

 한 알의 밀알이 되라. 나는 섬김을 받으려 함이 아니요, 섬기려 하고 종이 되어 모든 사람을 위해 자기 생명을 희생하러 왔다고 하신다. 이 모두가 탁발정신이다.

 예수는 "내 나라는 이 세상의 나라가 아니다"라고 했고, 바울은 "우리의 시민권은 하늘에 있다"고 했다. 요한은 "세상이나 세상에 있는 것들을 사랑하지 말라 세상을 사랑하는 자 속에 하나님의 사랑이 없다"고 했다. 바울은 "육체의 욕정은 성령을 거스린다"고 했으며, 자기 몸을 친다고 했다.

 이상과 같은 예수의 정신—"얼"로 볼 때, 현대 교회는 기독교가 아니다. 현대 교회 성직자는 예수님의 종이 아니다. 천대, 무소유, 하좌, 천역(賤役), 세족, 자기희생—이것이 예수의 정신이다. 이것이 기독교이다. 이런 모든 교훈은 세상에서 돈 모으고, 출세 성공하는 길을 가르치는 것이 아니다. 이 모든 교훈은 탁발정신이다. 낮아지고 천한 일을 하고, 욕을 참고 자기를 희생하는 정신이다.

 나사렛 예수의 운동은 현(現) 문명, 인류 사회를 이대로 복지의 유토피아를 만들려는 운동이 아니다. 문명에 정면으로 도전하는 탁발 정신이다.

사도들과 성인들의 탁발정신

세례 요한

세례 요한은 탁발정신의 예언자다. 약대털 옷을 입고 메뚜기를 잡아 먹으며 광야에 거처하면서 시대를 비판하였고, 옷 두 벌 있는 자와 돈 있는 자는 없는 자에게 주라고 하였다.

사도 바울

사도 바울의 선교는 탁발정신이 있다. 바울은 다메섹에서 회개한 후 인간의 선배들을 찾고자 예루살렘으로 가지 않고, 멀리 아라비아 사막으로 갔다. 바울은 로마 시민권도, 가말리엘 문하에서 배운 학벌도 버리고, 바리새파에서 나오고, 평생 결혼도 하지 않고, 머리를 삭발하고, 교회 월급도 받지 않고, 손수 천막을 제조해 팔아 선교비를 쓰고, 과거는 일체 버리고, 배설물로 여기고 돈을 배격하고 가정도 배격하고, 학문도 배격하고, 단벌옷을 입고 육식도 하지 않고 일종의 미치광이 바보가 되었다.

왈도파, 카타리파, 알비파

중세의 로마교회가 부패 타락하고 성직자들이 부유하고 사치에 흐를 때, 예수 정신에 따라 가난한 사람들과 함께 일어난 기독교 운동이 "왈도파", "카타리파", "알비파"이었다. 그들은 마태복음 10장과 산상수훈의 정신대로 살고자 애썼다. 천한 자가 되어 금욕하며 청빈하고 근엄하게 살았다. 로마교는 그들을 박해 중상하고 알비파 토벌군을 만들어 한 도시의 알비파 교도들을 모두 학살했다.

성 프란치스코

바울 이후 기독교 사상 가장 철저히 탁발정신을 실천한 성자는 아씨시의 프란치스코다. 프란치스코가 성 맛디아 첨례일에 교회에 가서 힘없이 뒷자리에 앉아 예배를 드리고 있었다. 그 날에 사회자는 마 10:1-15을 강단에서 낭독하고 있었다. "옷 두벌 가지지 말라, 지팡이도 가지지 말라. 신도 신지 말라. 지갑에 금은, 동전도 넣고 다니지 말라. 다니다가 영접하는 집이 있으면 들어가 앉아 먹으라." 그 때 프란치스코는 예수님이 그날 강단에 나타나 자기보고 그 말씀을 하시는 환상을 느꼈다. 프란치스코의 가슴은 감격하고 뜨거워지며 마음 속에서 "이것이다!"는 영혼의 함성이 느껴졌다.

그는 그 날 예배 보고 일어나면서 당장 그 말씀대로 실천했다. 입고 있던 부잣집 아들의 외투를 벗어 던지고 농부의 거친 자루옷을 얻어다 입었다. 교회 마당에서 새끼를 주어다 허리에 띠로 묶었다. 구두를 벗어 던지고 맨발이었다. 갑자기

볼품이 없는 거지 모양을 하고 그 감격스런 마음으로 아씨시 거리로 나가 성문에 모여 있는 사람들에게 두 손을 들고 "형제들, 하나님이 여러분을 축복하십니다"고 했다. 거기 모인 사람들에게 감동이 일어나 첫 제자가 생겼다. 그 날 프란치스코가 입고 나선 볼품없는 그 옷 모양이 그가 세상 떠날 때까지의 모양이었다.

그는 예수님의 가난을 사랑하며 가난을 "청빈양(Lady poverty)"이라 여성화 시켜 자기는 가난양과 결혼했다고 했다. 완전 무(無)의 정신, 무소유로 탁발정신을 실천했다. 교황에게 교단의 허가를 얻을 때 제시한 조건도 "우리는 아무 것도 소유하지 않는다는 특권을 주소서"였다.

이리하여 기독교사상 첫 탁발교단이 생겨났다. 집도 없고 리보 도르또에서 비오는 날 허름한 움막집에 있다가 지나가던 어떤 마부가 말을 몰고 비를 피하여 들어오니, 그 사람에게 그 집을 양보하고 나갔다.

프란치스코의 감화를 받고 그 수도 단체에 가입하는 사람이 많아졌다. 그는 탁발교단원들의 옷은 농부들이 입고 다니는 두건 달린 천한 자루옷 한 벌로 10년을 입었다. 먹는 문제는 빌어 먹으라 했다. 그것이 탁발이다. 형제들은 매일 나가 자기네와 수녀들의 몫까지 구걸해야 했다. 완전한 거지 단체, 새로운 탁발교단, 일명 걸식교단(Medicant Order)을 창설했다.

프란치스코는 식사 초대를 받으면 재를 뿌려 맛을 없애고 먹었다. 울고 울고 너무 울어 말년엔 소경이 되었다. 그리스도를 묵상하며 흘리는 보통의 눈물이 아니라 소리쳐 통곡하며 흘리는 눈물이었다. 「태양의 노래」는 소경이 되어 성흔(聖

痕)의 고통과 불면증에 시달리는 중에 클라라 수녀원에서 갑자기 시상(詩想)이 떠올라 지은 것이다. 프란치스코의 탁발정신을 버린 예언자 엘리야를 "교단의 가롯 유다"라 부른다.

기독교 2천년 사(史)에 가장 감화를 끼친 나사렛 예수의 얼을 따른 예수 같은 분은 탁발 프란치스코이다. 그는 예수를 사랑하기 때문에 가난해지고 예수의 정신을 실천하려고 탁발을 실천하였다.

기독교인인 우리가 바울의 이신득의(以信得義)와 복음서의 탁발정신은 서로 생명 있게 연결하지 못한다면 기독교는 절룩발이 병신이 되고 만다. 오늘 현대 교회가 세속하고 기독교가 몰락하는 때 지금은 양(洋)의 동서를 불문하고 많은 사람들이 프란치스코의 살아간 방법에 새로운 관심과 주목을 하기 시작하고 있다. 종교의 구별 없이 프란치스코의 감화를 받고 있다. 법정 스님이 제일 감동 받은 것은 프란치스코의 "잔꽃송이"라고 했다.

계명산의 이현필 선생의 무덤에 참배하러 온 사람이 있었다. 그는 동국대 출신으로서 불승(佛僧) 생활 30년 한 석홍원이라는 사람이다. 그는 기독교인으로 개종하고 일본에서 "백두산 프란치스코 수도원"을 세우고 불가에서 쓰고 다니는 삿갓을 쓰고 탁발하면서 "프란치스코의 평화의 노래"와 "주기도"를 염송하며 다닌다. 그의 말에 의하면 기독교 사상(史上) 프란치스코가 가장 위대한 점은 복음을 배우고 말할 뿐 아니라, 복음 그대로 살고 싶다는 마음의 갈망에서 프란치스코가 자진해서 시작한 「작고 가난한 예수의 삶」을 본받아 탁발을 시작한 것이라는 것이다.

프란치스코를 교황마저 "또 하나의 예수", "나사렛 예수의 화신(化身)"이라 불렀다. 프란치스코를 연구하면서 현대 기성 교회를 바라볼 때 기가 막힌다. 기독교라고 말할 수 없다. 21세기 새 기독교 운동을 위하여 목사와 교인들은 프란치스코를 연구해야 한다. 신학교는 프란치스코에 대해 강의해야 한다.

프란치스코는 누구에게 대해서든지 스스로 "작은 형제"가 되어 접근(接近)했다. 사회에서 약한 자, 억울한 자의 고통에 동참하면서, 그들의 눈물과 기쁨을 나눴다. 기독교의 권위나 학문으로 하지 않고 낮은 자리와 작은 자로 그들과 함께 했다. 그가 실천한 생활이 이탈(離脫), 참회, 청빈(淸貧), 순결, 겸손, 자기 비하, 하좌(下座), 봉사, 세족(洗足), 사랑 등의 정신이었다. 자기를 낮추고 복음을 전도하였다.

이 모두가 예수 그리스도의 사신 생활이요, 교훈이다. 새 시대, 새 교회, 우리도 참 나사렛 예수 운동을 하려면 작은 자가 되어 가장 더럽고 천한 일을 할 각오로 접근해야 한다.

21세기 한국 기독교에는 지금과 같은 학자, 학벌, 신학교보다는 탁발 교단이 일어나야 한다. 신학 박사, 지도자, 랍비, 총회장, 추기경이 필요 없다. 하좌, 세족하는 탁발자들이 일어나야 한다.

도미니꼬

프란치스코가 이탈리아에서 탁발교단을 일으키니 스페인에서는 도미니꼬가 또 탁발교단을 세웠다. 탁발승은 기독교 수도자인데 빈궁한 청빈 생활을 수도의 방편으로 서약하고 남의 시여(施與) 받고 수도하는 이들이다.

> 오, 감미로와라
> 가난한 내 마음에
> 정결한 사랑
> 오, 감미로와라
> 나 외롭지 않고
> 온 세상 만물 향기와 빛으로
> 피조물의 기쁨을 찬미하는 여기
> 지극히 작은 이 몸 있음을…

후에는 칼멜 수도회와 어거스틴회도 탁발했다. 이 모두가 자기를 낮추어 비하(卑下)하고, 작은 형제가 되어 남에게 봉사했다.

분도 라브르

분도 라브르는 자신이 스스로 거지가 되어 탁발하며 13년간 유럽 여러 나라를 순방한 사람이다. 그는 큰 십자가를 만들어 메고 다녔으며, 때로는 마대 속에 자갈을 넣고 다니며 "오소서. 내 주여, 오소서. 나 당신을 갈망합니다. 나 당신을 탐합니다 당신을 기다리는 한 시간이 내게는 천 년과 같습니다"는 기도를 하였다.

의복은 남루했으며, 구걸하여 끼니를 때우고, 목 마르면 개천에서 물 마시고, 밤에 남의 집 헛간에서 지냈다. 밤에 기도할 때 온 몸에서 광채가 나서 어떤 때는 마을에서 불이 났다고 소동이 날 정도였다. 그는 기도하는 중 천국과 지옥을 순방하기도 했다고 한다.

한국의 성 프란치스코 이현필

우리나라 개신교인으로 탁발 수행한 분은 한국의 프란치스코라고 알려진 이현필 선생이다.

그와 그의 제자들은 주로 산에서 많이 지냈는데 여순 반란 사건 이후 고아들이 많이 생겨서, 동광원이라는 고아원 운동을 시작했고, 폐병환자들을 위해 봉사하기 위해 그의 제자들은 무등원이라는 요양소에서 봉사를 하였고, 지금은 지천에 귀일원이라는 곳에서 정신병 환자를 200명이나 수용하고 있으며, 수녀들이 전적으로 봉사하고 있다.

그곳의 모든 수녀들은 무명 치마 저고리에 검은 고무신 차림이다. 보리밥과 고구마가 주식이다. 그들은 엄격한 독신 생활을 한다. 이현필은 청빈과 순결 사상에 철저하며, 지금도 동광원 가족들은 가난한 생활과 노동과 독신 생활에 철저하다.

이현필은 한국 개신교도로는 유일한 탁발 수도자였다. 거지옷을 평생 입고 다니며 하루에 한 끼의 식사를 하고, 겨울에도 맨발로 다녔다. 음식을 먹을 때는 자기는 죄인이라 해서, "죄인이 어찌 상을 차려 먹는가" 하며 밥상에 차려 먹지 않고 맨땅에 놓고 먹었다. 추운 겨울에 자기가 덮을 이불을 거지에게 주고 자기를 지극히 비하(卑下)하여 스스로 "헌신짝"이라 불렀다. 수녀들과 같이 무등산에 땔나무 하러 가서는 지게를 지고 무게에 못 이겨 바르르 떨다가 나뭇짐 밑에 깔리기도 했다.

제자들을 가르칠 때 "우리는 손수 농사하여 짚으로 짚새기 삼아 신어야 하고, 손수 밭에 유채를 뿌려 기름 짜서 그 불빛 밑에서 성경을 읽어야 한다"고 했다. 또한 그는 "땅 파는 소리가 하나님 음성이고, 시레기국 먹는 것이 우리 기도요, 맨발로 다니는 것이 성신 충만이다"고 했다.

농사와 농촌을 사랑한 그는 집회 때가 되면 제자들 보고 농부가를 부르게 하고 그 노래에 맞추어 엉덩이를 들썩이며 춤을 추었다.

> 딩동댕동 보슬비는 단비를 주고
> 철석 철석 거친 파도 집터를 닦네
> 둥실둥실 밝은 달은 길을 밝히고
> 송이송이 꽃송이는 힘을 주누나
> 빛나는 대한
> 아름다운 강산이라
> 얼싸 좋구나

결핵이 심했던 이현필은 언제나 그날이 마지막 날이란 촉박한 생각으로 살았다.

"죽는 것이야 경각이지만 내가 각혈하다가 핏덩이를 못 뱉으면 자다가도 죽겠지요. 내가 밖에 나갔다가 숨지거든 아무데나 꼭 풀밭에 소리 없이 옮겨 구덩이 파고 묻어 주세요. 평토장에 잔디 덮어 버리고요…죽기로 결정

된 이 몸 죽는다고 서러울 것 무엇이며, 고통이 싫을
까닭은 있을 수도 없습니다. 다만 주님 뜻대로 못 산
것이 항상 원통합니다."

　무등산에서 요양하다가 각혈이 심해서 깡통에 절반이나 되는 피를 각혈하고도 일어나 앉아 합장하고 하늘을 쳐다 보며 미소하고 있었다. 시중하는 수녀들이 누우라고 해도 "눕다니…더러운 피는 다 빠져야 해. 예수의 피가 내게 들어와야 한다. 이 피가 빠져 나오는 이 순간은 내 신랑을 영접하는 순간인데 눕다니…"라고 했다.
　추운 겨울에 어느 제자가 지리산 오감산에 들어가 특별 기도를 계속하고 있었는데, 이현필은 어느날 누가 먹으라고 가져온 떡 몇 개를 보니 배 고픈 제자 생각이 나서 수건에 싸서 겨드랑이 밑에 끼고 밤에 40리 산길을 맨발로 걸어 그가 기도하는 곳에 찾아 갔다. 산에 이르니 아직 날이 밝지 않았다. 제자가 놀랄까봐 근처에서 찬송을 부르니 기도하던 제자 김공(金公)은 밤중에 천사가 온 줄 알고 문 열고 엎드려 절하며 나왔다. 이현필은 "얼마나 수고하시오. 더운 물 끓이시오" 하며 제자에게 떡을 내놓고 먹으라 권했다.
　이현필은 그리스도의 십자가 고난을 묵상하며 그냥 눈물을 흘린 것 뿐만 아니라, 눈 오는 지리산에서 제자들과 같이 골고다 십자가 노래를 부르면서 자주 통곡했다.

"갈보리 산에서 십자가를 지시고…
아! 십자가 십자가!"

수색에서 전국 농촌 운동의 강연회에 강사로 강단에 섰을 때, 이현필의 꼴이란 정말 거지 차림이었다.

추운 겨울 경기도 수색에서 남녀 제자들과 함께 탁발할 때는 먼저 자매들이 탁발하고 간 집인 줄 모르고 다른 형제들이 또 탁발 가면 농촌 사람들은 "올 겨울엔 웬 거지가 이렇게 많아?"라고 했다. 발에 신도 신지 않고 얼어붙은 땅을 밟으면 발에 느끼는 찬 기운이 머리 끝까지 몸서리치게 했다.

이현필은 병든 고아의 손을 잡고 맨발로 천천히 탁발하러 다녔다. 남자들보다 자매들에게 사람들은 시여를 더 후히 해 주었다.

6.25 때 목사들이 버리고 간 여선교사 유화례를 화학산 동굴 속에서 숨겨두고 몇 달 동안 먹을 것도 없고 추위는 닥쳐 오는 속에도 그는 그 선교사를 지켜 주었다. 그는 시를 지었다. 지금은 이 가사에 곡을 붙여 찬송가로 부르고 있다.

   주님 가신 길이라면
   가시밭도 싫지 않소
   방울방울 피방울만 보고
   따라 가오리다…

마지막 임종할 때에 경기도 벽제 계명산 산장에서 제자들이 수의로 삼아 빨아 입혀준 옷도 벗으면서 "나는 곧 죽을 사람이요. 이런 깨끗한 옷 필요 없소. 옷 없는 자에게 주시오"라고 했다. 곁에 앉은 나이 어린 여 제자 보고 자기가 죽은 뒤에도 주님께 순결 바쳐 수녀 생활을 계속 하겠느냐고 물으면서 여 제자가 울며 대답 못하니 "나 지금 숨이 끊어지려오.

대답하시오…"라며 죽는 순간까지 제자의 신앙을 걱정해 주었다.
　임종이 가까워 기쁨이 물결처럼 밀려와 "아 기쁘다. 오메 기뻐서 못 견디겠네. 이 기쁨을 종로 네거리에 나가 선포하고 싶다"면서, 조용히 주변에 모인 사람들을 둘러 보고는 "제가 먼저 갑니다. 이 담에 오시오" 하면서 고요히 눈을 감았다.
　이런 기독교인은 한국 개신교 백년사, 인물사에 이현필 한 사람 외에는 없다. 그래서 그를 한국의 프란치스코라 부른다. 목사들은 신학교에 가서 신학자에게 배우려 말고 이현필에게 배워야 한다. 한국에서 탁발 기독교인은 이현필 하나 뿐이다.

일등원(一燈園)

　여러 나라 수도단체 중에서 가장 탁발 수도를 철저히, 그리고 오래 계속하는 수도 단체는 일본의 니시다 덴꼬오(西田天香)가 일으킨 일등원(一燈園) 운동이다.
　니시다 덴꼬오(西田天香)는 일본 북해도 간척 사업에 100호(戶)의 농가를 인솔하고 가서 개척하다가 출자금을 낸 사람과 경작인 사이의 대립으로 개척 사업에 실패하고 죽음을 각오하고 고향의 어느 작은 절간 마루에 앉아 단식을 시작했다.
　4일째 되는 새벽, 그의 나이 33세였을 때다. 어디선가 갓난 아기 우는 소리가 들려 오면서 문득 깨닫기를 어머니와 아기 사이에는 젖을 공급하는 자와 젖을 먹는 자 사이의 상반된 입장이면서도 양자 모두가 기쁨 충만한 평화의 모습이라는 것을 깨달았다.

인간 생명은 신에 의해 은혜로 주어진 목숨이요 살려 주어서 살아가는 목숨인 고로 중요한 것은 일체를 크신 분께 철저히 위탁하고 살려 주시는 대로 용서받는 대로 살아가면 되는 것이다. 이것이야 말로 서로 미워하거나 다툼이 없는 세계의 근원이요 서로 함께 살고 함께 기뻐하고 함께 먹고 살면서 털끝만치도 대립의 암투가 없는 세계인 것이다. 내가 사는 것이 아니요 신이 살려 주시는 대로 사는 것이다. 이렇게 자연 그대로 신과 자연에 맡겨 두고 살면 사람은 아무 것도 소유치 않고 노동해서는 그 대가를 돈으로 바꾸지 않아도 신의 용서를 받아 산다는 신조 밑에 언제나 다만 참회심을 가지고 감사로 무소유 봉사 생활을 할 수 있다는 것이다.

모든 것을 내가 하는 것이 아니다. 신이 살려 주시고 살게 해 주셔서 사는 목숨이기 때문에 그저 감사할 뿐이며 신(크신 분)께서 시켜 주시는 대로 적응되는 삶이다. 이런 인생관으로 산다.

내 것이라고는 하나도 없다. 모든 것은 신이 주어진 것, 은혜로 사는 것뿐이다. 인간은 본래 모태에서 적신으로 태어나 완전 무일물로, 우리 생명도 내가 만든 것이 아니라 주어진 것인 고로 내 것이라곤 아무 것도 없다. 내 것이라고 주장할 것은 없다. 무일물, 무소유야 말로 인간 본래의 모습이라고 보았다. 모든 욕망에의 집착심도 끊고 이기심을 정화하여 인간 본래의 자연의 모습으로 돌아가는 것을 "노두(路頭)로 돌아간다"라고 했다. 노두에 방황하는 것이 아니라 노두에 돌아간다는 것이 노두 탁발생활 정신이다. 불교 승려의 탁발과는 다른 의미의 일등원 생활이 그들의 탁발생활이다.

내 속의 내것이란 이기심, 자기 본위의 끝없는 욕망을 버리고 내 속의 안이(安易), 쾌락심, 남보다 우월하려는 욕망 등이 아직 남아 있으면 부지불식간에 중상, 질투, 원망, 증오하는 인간 사회의 갖가지 불행, 장애를 만드는 원인이 된다.

내가 이렇게 산다는 일 자체가 많은 사람(부모, 형제, 겨레, 노동자, 농민, 동식물 생명 희생까지)의 희생에 의해 살아가는 것이다. 생활 전반에 걸쳐 남을 책망한다든지 비난한다든지 하지 않고 피차 다만 자기의 부족만을 반성하고 참회하며 언제나 남보다 하위에 자기를 두고 고뇌하는 자, 약한 자의 위치에서 생활하는 일이 세족의 정신 "하좌생활"이다.

서전(西田)은 강연회에 초청 받으면 타월을 옆구리에 차고 도시락을 끼고 가서 화장실 청소를 했다. 고향 마을에 가서 양동이 하나 들고 한 집 한 집 찾아 다니며 화장실 청소의 하좌행(下坐行)시켜 달라 하니 멸시, 냉소, 광인 취급이 쏟아져 왔다.

그후 반 세기가 지난 지금도 일등원 수도자들은 참회, 하좌, 세족 정신 그대로 산다. 석천양(石川洋)은 대마도 중구까지 매번 탁발 나간다. 그들의 탁발생활이란 단신으로 완전 무일물로, 전장의 탱크같이 길 네거리에 나선다. 자기를 비하, 무, zero에 철저히 낮춰 처신하고 성공 출세 대우 같은 것은 기대하지 않는다.

신과 동행하며 매 걸음, 매사에 합장 배례하며 기도하고 감사하는 그 자세로 탁발 생활한다. 큰 일, 대단한 운동을 하지 않는다. 때로는 집집에 들어가 현관에 벗어 놓은 신발을 가지런히 놔 주기도 하고, 방을 쓸고 뒤뜰에 들어가 화장실 청소도 하고, 창고를 정돈해주고, 주방 설거지도 하고 나서 배 고프면 합장하고 주방 옆에 조용히 선다. 그러나 주는 이의 마음이 깨끗하지 않다는 것을 느끼면 받지 않는다.
 때로는 시여 받고 그 자리에서 진정으로 경건한 모습으로 잠깐 기도한다. 그리고 탁발할 때 부득이한 경우를 제외하고는 일꾼 머슴 이상의 넘치는 후한 대접을 받지 않는다. 식사에 초대되어도 방 안이나 좋은 자리에 들어가지 않고, 또는 고맙다는 사례의 인사도 받지 않는다. 다만 시키는 대로 일하고 이 집 저 집 다니며 어느 집에선 더 친절하다는 등 구별하지 않는다. 모든 이를 존경하고 모든 것에 감사하고, 신과 사람에게 보은의 행에 충실한다. 내 가족이라 해서 더 친하지 않고 각각 이생에 그 날을 즐긴다.
 탁발할 때에는 자기 위치를 낮춘다. 성직자로도 말고, 속인도 아니고 노동자 차림으로 한 없는 선심을 품고, 그러면서 동시에 하좌, 종, 노동자이다. 살아가기 위해 노동하는 것이 아니고, 신께 용서 받아 살고 신의 양육을 받아 살기 때문에 보은(報恩)의 노동이다.
 탁발 수행은 무언(無言)의 행(行)이다. 그들에게 인생사를 묻는 이가 있으면 다만 미소만 지을 뿐 대답하지 않는다. 이론을 말하지 않는다. 당신이 누구냐고 물어도 다만 합장 외면하고 길바닥 쓰레기를 쓸 뿐이다. 말로 설명하고 선전하지 않는다. 어떻게 신앙 생활을 해왔는가 묻는 이가 있으면 그들은 "다만 나의 부덕을 부끄럽게 생각한다"고 겸손히 대답한다. 더욱 간절한 태도로 도를 구하는 이가 있으면 내가 신생애(新生涯)의 빚을 지고 무상에 탁발고행 하노라고 답한다. 어느 한 종파 교파 등을 따지지 않는다. 또한 세상 일체의 사상에 대해서 긍정도 않고 물론 부정도 않는다.
 말년에 지친 서전(西田)에게 제자들이 "선생님, 좀 쉬십시오" 하면 "쉬다니, 쉬다니. 저렇게 사방에서 날 부르는 소리가 들리는데 쉬다니"라고 대답했다.

"누가 부른다고 하십니까?"

"너희들 귀엔 저 소리가 아니 들리느냐? 사방에서 날 살려 달라고 하는 소리가 안 들리는가?"

현재 일등원은 약 10만 평 토지에 70동의 건물, 同人 光友 약 300명이 생활을 함께 하고 있다. 일등원 내에 중고등학교도 있고, 출판사도 있다. 그들에게는 회비도, 회원 명부도 없다. 공명하는 사람이면 모두가 광우(光友)라 한다.

교리상의 예수와 역사적 인간 예수

교리상의 예수가 있고 역사적 인간 예수가 있다. 교리상의 예수는 믿음의 대상이요, 역사적 예수는 본 받을 모델이다. 유럽 백인들이 만든 기독교는 예수가 아니다. 유럽 교회는 죽었다. 현 한국 개신교회 같은 기독교도 나사렛 예수가 아니요, 조만간 자연 도태되고 소멸되고 말 것이다. 한국 기독교는 귀족화, 중산층의 노리갯감이 되었다.

세인들은 교회를 평가하면서 목사를 '도둑놈,' '목사 새끼' 등으로 부른다. 역사상 언제나 귀족과 부자와 교회 성직자는 결탁해 계급을 만들어 왔다.

교가 아니다. 교회가 아니다. 예배가 아니다. 기독교인이란 것, 교회 다닌다는 것 예배 드린다는 것으로 안심하고 지내서는 안 된다.

우리가 갈망하는 기독교상은 나사렛 원(原) 예수의 상이다. 기독교인이 아니요 교회인이 아니요, 목사가 아니요, 예수 사람, 얼사람이다.

외적 성장만 애쓰는 현재의 한국적 부흥의 말로(末路). 한국 교회를 그렇게 부흥시킨 부흥은 둔화되고 와해되고 몰락해간다. 현대 문명과 함께 현대 종교가 발달되어가는 모습은 눈 뜨고 못 볼 지경이다. 문명 정신과 함께 세속화하고 탈선한 기독교를 비판하고 반성을 촉구하는 정신은 탁발정신이다. 탁발이란 하나의 얼을 의미하는 말이다. 나사렛 예수의 얼, 그 정신은 타락한 현대 교회에게서도 배격을 당하고 있다.

신학교에서는 교의학보다 탁발 정신을 심어 주어야 한다. 학벌과 학문을 배격하고 청빈, 순결, 순명의 정신을 길러야 한다. 현대 교회를 본받지 말고 탁발정신을 가지자. 예수님의 정신은 자기비하, 하좌, 참회, 자기희생, 겸손, 감사의 탁발 정신이다. 탁발수행만 하는 것도 불완전하다. 욕 먹고, 냉대 받고, 모욕을 받을 때 그것에 대한 인욕(忍辱), 애심(愛心)도 가져야 한다.

우리가 갈망하는 것은 나사렛 예수…

기독교는 교회를 통해 믿어서는 안된다. 오늘의 교회는 그리스도의 무덤이다. 교파, 교회에 들어가지 말고 나사렛 예수에게로 돌아가야 한다. 교회인, 예배 교인 노릇보다 탁발 정신을 가지자. 탁발 수도자 운동이 일어나야 한다. 밤낮 무슨 수양회, 수련회, 교역자회 세미나, 기도회란 명목으로 모여 학술 논리, 이론, 큐티, 레크레이션, 기타, 노래 말고 탁발 수련을 해야 한다.

오늘 기독교 운동이 신학, 교리, 교회, 예배, 세미나만 가지고는 실제로 아무 효력이 없다. 그러다 만다. 예배 드린다는 일은 자기를 무(無)로 없이 하는 일이다. 자기를 무로 하면 전체가 자기의 것이다. 모든 종교인, 특히 기독교인들에게 우리가 요청하고 싶은 말은 신학교 운동, 예배, 교회 성장, 빈야드 운동, 부흥회, 은사 집회 따위만 지키고 가지 말고 탁발 운동을 실천하라는 것이다. 모두가 예수 정신의 탁발자로 내려앉아야 한다. 맨발로 나서라.

예수님께서는 "인자가 온 것은 섬김을 받으러 온 것이 아니요 도리어 섬기려 하고 자기 목숨을 많은 사람의 대속물로 주려 함이니라"고 하셨다(마 20:28). 서로 발을 씻어주고 낮은 자리에 처하라고 하셨다.

참 그리스도인은 나사렛 예수의 일생을 재연(再演)해야 한다. 예수의 성심(聖心)을 품고 예수의 "얼"을 가슴에 품고 살므로 또 하나의 예수다. 나사렛 예수의 화신, 작은 예수 "얼사람"이 되어야 한다.

예수님이 오늘 여기에 오시면 새 교훈, 새 진리를 선포하실 것이 아니다. 또 다시 12제자를 둘씩 짝 지어 내 보내시며 마태복음 10장의 훈령을 그대로 내리실 것이다. 단벌 옷, 맨발, 완전 무소유, 무일물, 무전(無錢), 탁발, 인욕, 하좌, 세족, 감사, 봉사, 겸손 이탈 수행을 하라고 하실 것이다. 자기의 죄의 깊음을 뉘우치는 참회생활을 해야 한다.

종교 수행의 가장 지극한 길이 탁발행이다. 종교 정신을 가장 철저히 실천하는 생활이 곧 탁발이다. 교인이 되노라 말고 탁발자가 되려고 하자. 기성 교회식의 기독교인이 되지 말고, 또 하나의 예수, 작은 예수가 되자. 탁발 예수가 되자. 한국의 프란치스코가 일어나라. 또 하나의 이현필이 일어나라.

탁발 정신

(1) 전적으로 버리라.

"무일물중무진장(無一物中無盡藏)"이란 말이 있다. 모든 속정(俗情)도 마음도 버리라. 청빈이 본질적 좌장(坐場)을 점한다. 가난은 곧 그리스도께 대한 사랑의 표현이다.

(2) 노두에 나서서 하좌행을 하라.

가장 천한 일, 가장 낮은 자리에 처하라. 교회의 직분을 맡을수록 더욱 겸손해야 하며, 성경을 많이 알수록 더욱 겸손해야 한다. 겸손한 사람만이 진짜다.

(3) 참회, 봉사, 세족을 실천하라.

눈물로, 보은의 마음으로, 걸음마다, 모든 일에 감사로 행해야 한다. 일삯을 받지 않고 대우도 받지 않는다.

(4) 마음에서 모든 쟁투의 씨앗—
미움, 질투, 불평, 부러워함, 부모 원망, 멸시를 근절하라.

세계와 인류 분쟁, 교회 분열의 씨도 결국 내 마음 안에 있다. 그것을 근절하고 내 마음을 명경지수(明鏡止水)와 같이 맑게 간직하면 전 세계가 밝아진다.

(5) 사랑의 강권, 그리스도를 사랑하라.

탁발정신을 실천하라

헬라인이 예수를 만나려고 찾아왔다고 할 때, 예수께서는 "한 알의 밀이 죽어야 많은 열매를 맺는다"고 말씀하셨다. 예수 그리스도의 진리와 교훈은 역설적이다. 죽어야 살고, 가난해야 부하고, 낮아져야 높아지고, 모든 것을 버려야 모든 것을 얻고, 울어야 웃음이 온다. 그런 고로 그리스도의 역설적 진리의 실천 방법은 탁발 정신, 탁발 생활이다. 그리스도의 삶, 정신, 프란치스코의 정신은 세상에 대해서 역설적이다. 우리가 아는 복의 관념과 사뭇 다르다. 나사렛 예수의 얼은 기성 교회의 길과 판이하게 다르고, 역설적이다.

우리는 교회 출석과 예배 반복만으로 안심하지 말고 탁발정신을 실천하자. 기독교를 말이나 설교로 선전하지 말고 무언(無言)으로 실천하며 시범을 보이자. 오늘부터 실천하자. 지극히 작은 자가 되자. 아무도 모르는 자가 되자. 가장 천한 일을 자원해 하자. 고난을 자원하자.

걸음걸음 기도하지 않고 돌아 다니는 일, 기도 없이 하는 운동은 간 데마다 남에게 시험만 주고 실패한다. 사탄에게 이용 당한다. 모든 경우에 다만 기도하며 절대 신뢰하고 나아가야 한다.

> 찬 바람이 휘몰아치는 가을 아침에
> 단벌 옷 떨리는 몸에 맨발의 사도여
> 갈지어다! 갈지어다!
> 탁발의 길로

교회 출석만으로는 아무런 가치가 없다. 개신교회는 교회와 설교 듣는 것과 예배 반복만 가지고 예수 믿는 것 전부로 아는데, 그보다 더 깊은 길이 있다. 축복 성회, 은사집회, 벼락축복 성회, 성신폭발 성회 등 선동적인 용어만 하고 다녀서는 안된다. 역설적 진리를 탁발생활로 실천해야 한다.

성 맛디아 축일에 교회에서 예배를 보다가 사회자가 마태복음 10장 낭독하는 소리를 듣는 순간 가슴에서 "이것이다!"라는 함성을 치며, 그 순간부터 실천한 프란치스코처럼 지금 당장 하자.

원자의 가장 기본인 핵을 폭발시키면 엄청난 에너지가 발생되어 한 도시를 전멸한다. 자기를 죽이자. 그리스도인의 최대 목표는 자기 부인, 자기를 폭발시키는 일이다. 자기의 가장 깊은 근원, "나"라는 것의 근거, 자기의 핵을 폭발시켜 버리자.

예수님께서 누누이 가르치신 말씀은 자기를 한 알의 밀 같이 죽이라, 자기를 부인하라는 것이다. 자나 깨나 "나" "나" 하는 것이 자기 추구, 자기애(自己愛)이다. 모든 악의 뿌리이다.

수도자는 자기 도륙, 자기 박탈을 하려고 주야로 애쓴다. 이현필은 각혈을 하면서도 기뻐하면서 "내 더러운 피, 한국 놈의 더러운 피는 다 빠져야 한다"고 했다. 우리도 내 안에 도사리고 있는 못된 한국 놈을 죽이자. 한국 예수장이를 죽이자.

예수의 얼이 하좌, 세족, 참회, 희생의 탁발 정신이다. 자기를 낮추자. 저 밑바닥까지 내려가자. 예수를 참 믿으려면, 참 예수의 제자가 되려면 철저히 자기를 죽여야 한다. 철저히 미치고, 철저히 가난해지고, 철저히 바보가 되고, 철저히 제로가 되고, 철저히 낮아지고, 철저히 탁발해야 된다.

3.
절대 양심을 지키자

믿음과 착한 양심

믿음과 착한 양심을 가지라

"어떤 이들이 이 양심을 버렸고 그 믿음에 관하여는 파선하였느니라"(딤전)

"믿음과 착한 양심을 가지라"(ἔχων πίστιν καί ἀγαθὴν συνείδησιν). 참 기독교인이 되려면 맹목적인 믿음만 있으면 되는 것이 아니요, 성경만 많이 알고 기도만 열심히 한다고 되는 일이 아니다. 기독교인의 믿음도, 기도도, 성경도, 그 바탑은 착한 양심 위에 세워야 한다. 양심은 신앙 싸움의 무기요, 신앙의 바다로 항해 가는 배, 빈틈없는 든든한 배다. 키이다.

에베소서 6:16에는 "모든 것 위에 믿음의 방패를 가지고…"라고 했다. 믿음과 양심은 일종의 방패와 같은 것이다 예리한 양심 속에 간직된 믿음이 못 될 때, 그의 신앙의 싸움은 패배되고, 배는 파선하고, 신앙은 침몰하고 만다. 양심을 못 지킨 자의 신앙은 여지없이 파멸되고 마는 것을 우리는 너무도 많이 본다.

기독교의 교회 지도자는 교인들에게 양심적 신앙을 강조하고 그렇게 교인 훈련을 철저히 시켜야 하는 동시에, 목사나 지도자 자신이 양심 생활을 하는 절대 양심의 솔선수범이 되지 않으면 안된다.

양심을 버렸고

양심을 "버렸고(ἀπωσάμενοι)"란 말은 "밀어 낸다"는 의미다. 믿음이 "파선하였느니라(ἐναυάγησαν)"라는 말은 배가 산산조각 난다는 의미다.

> "믿음과 맑은 양심을 가지고 싸워야 합니다. 어떤 사람들은 양심을 저버렸기 때문에 그들의 믿음은 파선을 당했습니다."(공동번역)

양심이 죽으면 믿음은 산산조각이 난다. 후메내오와 알렉산더는 에배소에 있었던 교인 중 대표적인 양심을 저버린 믿음의 파괴자들이었다(딤후 4:14; 행 19:33 참조).

사단에게 내어 준다

"사단에게 내어 준다"는 말은 중한 징계로 파문이나 추방(exclusion)한다는 말이다. 하나님의 지배에서 떼어내어 사단의 지배에 넘겨 주는 것이다. 객관적으로는 신자로서의 사귐을 끊는 일이다. 사단에게 내어주는 일은 그 육이 망하는 일, 여러 가지 불행이 육에 일어나는 일이다.

그리스도 복음의 투사가 열렬한 적극적 신앙과 아울러 꼭 구비해야 하는 것은 선한 양심, 절대 양심이다. 양심적 신앙이요, 신앙적 양심이다. 절대적인 양심 생활을 하는 그리스도의 종은 그 믿음의 싸움과 신앙의 배의 항해에 실패가 없고 혁혁한 승리만이 있다.

예수님께서 "하나님은 영이시니 예배자가 신령과 진정으로 예배할지니라" 하신 말씀도 양심으로 예배하라는 말씀이다. 양심 생활을 하지 않는 현대 교인들의 "아멘 할렐루야"는 "거짓말이다. 거짓말이다"와 같다.

양심은 신의 대리자

양심(συνείδησις; conscience)이란 선악의 판단을 위해 인간 속에 내재하는 기능이다. 양심은 신의 대리자이다. 바울은 인간 양심의 권위를 강조하며 고린도후서 4:2에 "오직 진리를 나타냄으로써 하나님 앞에서 각 사람의 양심에 대하여 스스로 천거하노라"고 했다. 또한 로마서 2:15에 "이런 이들은 그 양심이 증거가 되며…"라고 했다. 좋은 믿음이 그리스도인의 권위가 아니라 절대 양심의 소유가 권위다. 선과 악을 식별하는 기능은 양심이다.

구약 성서에는 '양심'이라는 용어가 없으나 신약에는 '슈네이데시스'라는 명사로 30회, 동사로서 4회나 나온다. 특히 바울 서신에는 20회나 나온다.

바울은 내적인(內的人)에게 마음(καροδια)과 양심을 구별했다. 마음이라 할 때는 인간의 정신생활의 중앙기관 즉, 전인격의 중심인 지정의(知情義)의 골체(骨體)로 보았다. "마음" 속에 이성과 내적인(內的人)의 좌소(座所)가 있고, 거기에 하나님의 율법이 기록된다. 외부인(外部人)은 육(肉), 몸(體), 지체(肢體)와 마음이요, 내적인(內的人)은 영(靈)과 이성(理性)과 마음과 양심으로 성립된다.

로마의 철학자 키케로나 세네카는 양심은 우리들의 행위가 윤리적인가 아닌가 하는 관점에서 비난도 하고 변호도 하는 인간의 내부의 소리(inner voice)라고 했다. 마음이 재판관이라는 말이다.

스토아 철학에는 양심을 자기본존 즉, 자신을 보살피는 일과 관계를 지었고, 크리시푸스(Chrysippus)는 양심을 자기 내부의 조화의 의식(consciousness of harmony)이라고 했다.

스콜라 철학에서는 양심은 신에 의해서 인간의 내부에 불어 넣어진 이성의 법칙(*lex rationis*)이라 생각했다. 회오(悔悟)나 도덕적 원리의 내적인 의식의 의미로 양심과 이성을 말했다.

인간의 정신은 그 자체가 우주의 질서와 조화를 이루고 있으며, 따라서 인간에게는 정서적 반응으로 옳고 그름을 판단하는 도덕적 감각 의식이 존재한다고 한다.

아담 스미스(Adam Smith)는 타인에 대한 우리들의 감정과 타인의 찬의(贊意)나 비난에 대한 우리들의 반응이 양심의 핵이라고 했다. 칸트는 양심을 일체의 특수한 내용으로부터 추상(抽象)하여 의무 그 자체라고 말했다. "내 마음을 놀라게 하는 두 가지는 하늘에 반짝이는 별들의 세계와 내 안에 있는 양심의 세계"라고 말했다.

상반된 양심의 기준

그런데 각 사람에 따라 자기 마음에 느끼는 양심의 표준이 전혀 다를 수 있다. 순교의 죽음을 죽는 사람도 양심의 의식에 따라 죽지만, 죽이는 사람도 어떤 양심의 의식에서 죽이고 있기 때문이다. 보헤미아의 순교자 후스는 불 타는 장작더미

위에서 화형에 처해 죽으면서, 양심의 의식에 가슴에 불탔지만, 그를 화형에 처하며 저주하던 로마교 수도자들도 자기 양심의 의식에서 후스를 이단으로 저주하며 불에 태워 죽이되 양심의 가책은 추호도 없었다.

눈물의 예언자 예레미야는 양심에 떨며 예언 활동의 했지만, 그를 박해하고 때리고 감옥에 가둬 넣은 성전 유사장 바스훌도 자기 딴에는 제사장으로서의 양심에서 그렇게 했다(렘 20:1-3). 예언자 아모스는 날카로운 예언자적 양심에서 부르짖었지만, 그를 추방한 벧엘의 제사장 아마샤도 애국심에서 양심적인 감정으로 아모스를 추방하려고 했다(암 7:10-17).

사람들마다 자기 양심에 따라 행동한다고 말하고 있는 것이요, 양심은 생활의 경험에 있어서 갖가지 모습을 취하게 되므로 매우 혼동되기 쉽다. 중요한 것은 순수한 거짓 없는 동기가 문제이다.

기독교에서 말하는 양심

에리히 프롬은 "권위주의적 양심"과 "인도주의적 양심"을 구별했다. 단순한 의와 불의를 식별한다거나 행위의 선악을 가리는 것도 양심이지만, 기독교의 양심이 그리스 사상에서 말하는 양심과 다른 것은 하나님께 대한 인격적 책임을 가지고 있는 점이다.
① 하나님의 뜻을 아는 것(벧전 4:19)
② 그리스도의 피에 의해서만 그리스도인의 양심은 깨끗해지고
③ 그리스도인은 성령과 함께 자기의 진실을 증거하고
④ 자기를 위해서가 아니라, 그리스도 안에서 "약한 양심"을 위해 쓰인다.

바울은 양심이란 하나님의 뜻을 헤아려 깨닫고 증거하는 기능이라고 보았다(롬 2:15, 7:7-25; 고전 4:4).

바리새인의 양심과 한국 교인들의 양심을 비교해 보자. 유대인, 바리새인, 서기관들이 예수님의 책망을 받았지만, 그래도 그들은 오늘 한국 개신교도들보다는 양심이 살았었다.

요한복음 8:3-11에 간음하던 여자를 현장에서 잡아 끌고 예수님께 와서 시비를 걸어 "모세는 여자를 돌로 쳐 죽이라고 했는데 당신은 어떻게 처리하시겠습니까?"라고 했다. 예수님께서 땅에 손가락으로 글씨를 쓰시고 일어서서 "너희 중에 죄 없는 자가 먼저 돌로 치라"고 하자, 저희가 다 "이 말씀을 듣고 양심의 가책을 받아" 다 도망쳐 빠져 나가 버렸다고 했다.

사도 바울의 복음은 지식 위에 세우지 아니하고 양심 위에 세워졌다. 사도행전 23:1에 "내 양심이 성령 안에서 나로 더불어 증거한다"고 했다. 오늘 한국 개신교 교역자들의 목회와 설교도 이렇게 하여야 한다.

바울은 디모데에게 "믿음과 착한 양심을 가지라 어떤 이들은 이 양심을 버렸고 그 믿음 위에 관하여는 파선하였느니

라"(딤전 1:19)고 하였다. 디모데전서 3:9에는 교회 지도자(감독)를 선택할 때는 책망할 것이 없어야 하고, 절제와 근신하여야 하며, 일구이언(一口二言)하지 않는 자여야 하며, "깨끗한 양심에 믿음의 비밀을 가진 자이어야 한다"고 했다. 개신교회의 장로, 권사, 집사, 여전도사는 "깨끗한 양심에 믿음의 비밀을 가진 자"라야 한다.

바울은 계속하여 신앙과 깨끗한 양심을 나눌 수 없는 것으로 결부시키려 했다. 신앙의 비밀(奧義)은 그리스도의 복음인데, 이는 깨끗한 양심, 절대 양심의 사람이 아니면 갖기 불가능하다. "깨끗한 양심을 가지고 믿음의 진리를 간직하는 사람"이라고 공동 번역 성경에 되어 있다. 그리스도 복음은 곧 "믿음의 내적 비밀"이다.

깨끗한 양심으로 신앙심을 갖자

오늘 한국 기독교는 예수가 아니다. 기독교와 성경을 지식으로 머리 속에 받아들이면 화(禍)가 된다. 기독교와 성경은 학설로 신학으로 교리를 받아들이노라 하지 말고, 깨끗한 양심 속에 받아들여야 한다. 성경은 문자 풀이로 하지 말고, "예수 그리스도의 얼"을 받아들여야 한다. 그리스도의 성심(聖心)으로 받아들여야 한다. 성경을 추출(抽出)해 "얼"을 마시라. 하나님의 말씀, 그리스도의 참 복음을 담을 보물 상자는 인간의 두뇌가 아니라 깨끗한 양심이다.

김현봉 목사는 양심은 예수 믿는 밑천이라면서 교인들에게 "믿음을 쓰는 연습을 하라"는 것과, "양심을 쓰는 연습을 하라"는 두 가지를 강조했다. 집회 시간에 늦은 어느 목사를 보고 "목사 노릇 그만 두시오"라고 할 정도였다. 그는 교회 연보를 혼자서 관리하였지만, 교인 한 사람도 의심하는 사람이 없었다. 김현봉 목사는 선각자(先覺者)요 도인(道人)이었다.

기독교인이 되려면 절대 양심인이어야 한다. 양심 생활을 하지 못하면 야만이요 짐승에 불과하다.

양심을 잃은 종의 모습

오늘 한국 개신교와 교파, 교회, 신학교 교역자들은 전면적으로 세속화되고 타락했다. 새 교회, 새 지도자, 새 기독교 상(像), 새 기독교인 상(像)을 세우자. 혁신적인 기독교인이 되자.

지식이 깊다고 해서 모두 목사가 아니다. 학벌이 좋아야 일류 목사가 아니다. 안수 받았다고 목사가 아니다. 성경을 많이 안다고 해서 하나님의 종이 아니다. 절대 양심을 살려야 하나님의 종이며 그리스도의 종이다. 절대 양심 생활, 양심을 잃어버린 목사는 목사가 아니다. 기독교인이 아니다. 그의 믿음, 그의 인격은 파선하고 침몰한 믿음이므로 자기를 구원하지 못한다. 절대 양심을 가진 기독교인 목사가 될 자신이 없으면 아예 신학 공부를 하지 말라.

　교회란 모름지기 화려한 건물이 없어도 좋다. 수준 높은 성가대도 없어도 좋다. 교회 재산이 없어도 좋다. 그리스도인으로서의 절대 양심만 있으면 된다. 양심이 살지 못하면 짐승들이다. 짐승의 나라이다. 양심 생활을 하지 않는 자는 목사라 할 수 없다. 기독교인이라 할 수 없다.

　예수님께서 "눈은 몸의 등불이니 그러므로 네 눈이 성하면 온 몸이 밝을 것이요 눈이 나쁘면 온 몸이 어두울 것이니 그러므로 네게 있는 빛이 어두우면 그 어두움이 얼마나 하겠느뇨"(마 6:22-23)라고 했다.

　여기서 "네게 있는 빛"은 인간 속에 있는 빛으로 "양심"이다. 양심이 흐린 종교가(宗敎家)가 전하는 복음은 어두운 복음이다.

　서울에 있는 어느 큰 교회는 교인들에게 교회에 나올 때 하나님 만나러 나오는 것이니, 옷도 제일 사치한 것을 입고, 몸 단장도 잘하고 나오라"고 한다. 그러나 그 교회의 여자들은 음란하다는 평이 있다.

참 그리스도인의 표준

거짓이 없는 그리스도인

예수님께서는 마태복음 5:33-37에서 맹세하지 말라고 하면서 "오직 너희 말은 옳다 옳다 아니라 아니라 하라 이에서 지나는 것은 악으로 좇아 나느니라"고 하셨다. 참 그리스도인의 표준은 마음 속에 절대로 거짓이 없고, 하나님의 마음과 같은 성실함만이 지배하는 상태에 이르는 일이 필요하다.

이 세상에 국가와 국가 사이에 체결한 모든 조약이든지, 한 국가 안에서 대통령, 국회의원, 장관들의 서약이 그대로 성실하게 지켜진 예는 거의 없다. 기독교 안에서 조차도 목사 안수식 서약, 장로 및 권사의 서약이 성실히 지켜진 예는 아주 드물다. 혼인 서약도 마찬가지이다. 쉽게 "예"라고 하나 성실하게 지키려 하지 않는 것은 거짓이며 비양심이다. 그런 고로 함부로 쉽게 "예" 하지 말고, 한 번 "예"라고 했다면 그대로 이행하는 절대 양심인이 되어야 한다.

> "예 예 하고 아니 아니라 하는 일이 내게 있었겠느냐 하나님은 미쁘시니라 우리가 너희에게 한 말은 예하고 아니라 함이 없노라 …하나님의 아들 예수 그리스도는 예 하고 아니라 함이 되지 아니하였으니 저에게 예만 되었느니라 하나님의 약속은 얼마든지 그리스도 안에서 예가 되니 그런즉 그로 말미암아 우리가 아멘 하여 하나님께 영광을 돌리게 되느니라"(고후 1:17-20)

일언여태산(一言如泰山)이라는 말이 있다. 한 마디의 말이 태산같이 무거워야 한다는 말이다. 종교가(목사)의 입에서 나오는 말은 태산 같이 신중하고 무거워야 한다. 함부로 대답하고, 함부로 서약하고, 아침 저녁으로 변하는 자는 종교가가 될 자격이 없다.

언행일치

언행불일치는 비양심이다. 언행이 불일치하는 자가 어떻게 하나님을 대변할 수가 있겠는가?

수피의 성자 루미의 이야기가 있다. 어느날 아이를 데리고 어머니가 성자 루미를 찾아왔다. 사연인즉, 아이가 설탕을 너무 많이 먹으니, 루미에게 설탕은 몸에 해로운 것이라고 말해 달라는 것이었다. 루미는 한 동안 말없이 생각에 잠겨 있더니 "부인, 다음 주에 다시 오십시오"라고 했다. 한 주일이 지난 후 부인은 어린 아이를 데리고 루미를 찾아 갔으나 다시 한 주일 후에 오라는 것이었다. 그러기를 몇 주일이 지난 후 다시 찾아온 어린 아이를 보고 성자 루미는 "애야, 설탕은 몸에 해로우니 많이 먹지 말아라"고 타일렀다. 부인은 "이렇게 쉬운 이야기를 왜 몇 주일이나 지난 지금에 해 주는 겁니까?"라고 묻자 성자 루미는 "부인, 실은 내가 설탕을 좋아했기 때문에 그 때에는 이 아이에게 설탕을 먹지 말라고 말할 수가 없었습니다"고 말했다.

쉽게 변하고, 쉽게 간단히 회개하고, 다시 쉽게 또 다시 범죄하는 자는 결국 회개를 못하고 마는 자가 된다. 참 중생과 신생(新生)하는 자는 쉬운 회개를 하지 않는다.

죽기까지 양심을 지키는 그리스도인

양심이다. 양심뿐이다. 먹는 데도 양심, 마시는 데도 양심이 필요하다. 자는 데도 양심, 깨는 데도 양심, 예배 드리는 것도, 기도하는 데도 양심이다. 노동 운동에도 양심이 있어야 하고, 학생 데모도 양심으로 해야 한다.

양심을 지키기를 자기 목숨보다 더 중요하게 여긴 대(大) 양심인들이 없었더라면 오늘날의 인류의 역사는 어떻게 되었 겠는가? 소크라테스는 진리를 굽히고 자기의 양심을 배반하 기보다는 차라리 죽음을 선택하였다. 만약 양심이 없었더라면 인류는 그 위험한 역사의 도정(道程)을 더듬어 오면서 이미 오랜 옛날에 몰락해 소멸해 버렸을 것이다.

독일 히틀러와 나치의 치하에서 양심인(良心人) 니묄라 목사는 감옥에 잡혀 들어가면서 "하나님을 대적할 자 누구인가?"라고 하였고, 독일이 패전한 후 감옥에서 나오면서 그는 다시 "하나님이 은혜를 감당할 자 누구인가?"라는 유명한 말을 남겼다.

일본 군국주의가 동양 천지를 침략할 때, 우찌무라간조(內 村鑑三)은 일본 천황의 사진에도 머리를 숙이지 않았으므로 교사직에서 쫓겨나고 신문 여론은 그를 국적(國敵)으로 몰아 부쳤다.

등정무(藤井武)라는 사람은 가난한 전도자가 되어 문서 운동을 하며, 아내(喬子)의 희생적인 내조를 받았다. 아내가 죽자 유골을 책상에 놓고 『일본아, 망하라』는 책을 썼다.

주기철 목사는 설교하러 강단에 올라가지 못하게 하는 일본 경찰에게 "설교는 하나님께서 내게 주신 특권이므로 나는 해야만 하며, 당신들 순사들은 천황으로부터 내가 설교하지 못하게 하는 권한을 받았으니 막던지 마음대로 하시오"라면서 기어이 설교를 마쳤다. 누구도 주목사의 설교를 막을 수 없었다. 이런 기독교인이 되자. 이만한 목사가 되자.

지리산에 몇 해 동안 들어가 싸우던 빨치산 처녀 총각들의 이야기를 읽은 적이 있다. 이가 먼지 같이 번지고, 굶어 죽고, 얼어 죽고, 맞아 죽고, 이름도 모른 채 죽은 시체는 묻어 주는 사람조차 없어서 산 속에서 썩어 산 짐승과 까마귀들이 뜯어 먹었다. 그렇게 죽은 수가 일만 명이나 된다고 한다. 지금도 지리산에는 원혼들의 애곡이 들린다고 한다. 그들의 사상이나 이념이 올바르다는 것은 아니지만, 그들 자신의 이념에 철두철미했다는 점은 우리 기독교인들은 염두에 둘 만한 일이다.

조국 사망론

사랑하는 나의 조국 한국이여, 차라리 망하라!

요즈음 화제 가운데 하나는 일본인으로 "일본 망국론"을 부르짖고 일어난 사람이 있다. 지금 이대로의 일본은 분명히 망한다는 지론이다. 그는 다시 "신생(新生) 일본"을 주장하면서 책을 펴 냈다. 그는 동독이 망할 것과 소련이 망할 것도 예언했었는데, 그의 예언이 적중했다. 그는 북한도 오래 가지 못한다고 예언했고, 한국에 대해서는 "김영삼 대통령은 정치적인 머리는 좋으나, 한국의 뒤를 쫓아오는 중국을 경계하라" 고 했다.

'일본 사망론'을 예언한 일본인 같은 예언자적 눈을 가진 한국인이 있다면, 그는 일본보다 수십 배나 더 "한국 사망론"을 주장할 것이다. 지금 되어져 가는 모든 꼴이 "한국 사망론"의 징조이다. 한국은 사망해 가고 있다. 구석 구석에 그 징조는 너무나 뚜렷하다. 나쁜 것은 모조리 한국이 세계 제1위이다. 교통사고도, 그 사망률도 세계에서 제1위이다. 음식 찌꺼기를 버리는 것도, 암으로 죽는 것도, 노사분규, 학생 데모, 화염병과 쇠파이프, 최루탄 생산도 세계에서 1위이다. 강도와 성폭행도 세계에서 1위이다. 섹스 관광의 나라이며, 직장 여성 87%가 "성 희롱을 당한 경험"을 하였으며, 여대생들을 대상으로 설문조사 했더니 "남자를 경험"한 수가 무려 87%나 달했다. 이만하면 모든 악이 세계 제1위의 나라이며, 그로 말미암아 절망의 나라이다.

대검찰청에서 92년도 한국과 일본의 사건 접수 현황을 비교 분석한 통계가 발표되었다. 우리 나라는 전체 형사범 654,464명 중 사기 사건이 135,256명(20%)인 데 반하여, 일본은 전체 형사범 253,559명 가운데 11,408명(4.5%)으로 일본의 점유율에 비해 13배나 사기범이 많았다. 교통사고를 내고 뺑소니 사건은 한국은 6,855건(93년도는 뺑소니 9천여 건, 교통사고 269,000건으로 하루에 평균 26명이 사망)으로서, 우리나라보다 자동차 보유대수가 14배나 많은 일본은 뺑소니 사건은 한 건도 없었다. 국민들의 건강과 직결되는 식품위생범은 우리나라에는 46,840명인데 비해, 일본은 51명뿐이었다. 일본의 918배나 많은 게 이 나라이다. 환경 사범은 한국은 30,782명인데 비해, 경제 규모가 훨씬 큰 일본은 2,866명으로 한국이 16배나 많다.

일본은 불교 국가요, 신구교도 모두 합쳐도 1백만 명 정도의 나라이며, 개신교는 전국적으로 주일 예배 참석 인원수가 25만 명 가량이다. 기독교인 1천 2백만 명(전체 인구의 약 25%)으로 4명 중 한 명이 기독교인인 한국은 왜 이 모양인가? 불교가 주류를 이루고 있는 일본에 비해 못한 한국이라면, 불교보다 못한 것이 기독교란 말인가?

등정무(藤井武)가 "일본아 망하라"고 부르짖듯이, 나는 "한국아! 차라리 망하라"고 부르짖지 않을 수 없다. 그리고 우리는 "신(新) 한국론"을 부르짖어야 하겠다. "새 기독교"를 외치지 않을 수 없다.

이 안타까움을 어이할꼬!!!

나의 안타까움은 도대체 기독교가 무엇을 하고 있느냐는 것이다. 1천 2백만 명의 기독교인들이 무엇을 하고 있는가? 정부 고위직과 국회에, 여당과 야당에 기독교인들이 꽉 차 있지만, 그들은 과연 무엇을 하고 있는가?

예배당 짓는 일이 기독교의 일만이 아니다. 절대 양심이다! 절대 양심의 생활을 해야 기독교인이라는 것이다. 오늘 우리나라의 사회를 두고 총체적인 위기라 한다. 총체적인 범죄와 타락과 무질서, 그리고 혼란에 빠져 있다. 일본의 작가처럼 '한국 사망론'을 부르짖고 일어나야 하며, 눈물의 선지자 예레미아처럼 통곡하며 예언하며, 국민들의 죄와 교회의 죄를 지적하며 부르짖어야 한다.

다시 일어나라!

타락한 국민, 타락 부패한 우리나라 사회 문화 현상을 지적하는 동시에, 문화를 변혁시키는 주체로서의 교회가 각성하고 바로 서야 할 것을 외쳐야 한다. 그런데 한국 기독교회가 그것을 지금 못하고 있는 실정이다.

> "그 파수꾼들은 소경이요 다 무지하며 벙어리 개라 능히 짖지 못하며 다 꿈꾸는 자요 누운 자요 잠자기를 좋아하는 자니"(사 56:10)

> "내 목자들이 내 양을 차지 아니하고 자기만 먹이고 내 양의 무리를 먹이지 아니하였도다"(겔 34:8)

94년도 한국 종교계 최대의 쾌사(快事)는 불교 조계종의 대혁신이 성공한 것이다. 한국 불교가 변혁, 새로운 탈바꿈을 했다. 오랫동안 관권과 결탁하여 부패하고 무능하던 조계종 총무원파와 일대 혈전을 벌여 혁신파가 승리를 거둔 일이다. 불교 개혁에 성공한 셈이다. 그 원동력은 불교 내부의 그동안 끊임없는 노력 투쟁의 결과이다. 개혁 투쟁에 승리한 혁신 불교는 정부에 대해 "내무 장관을 사임하고 대통령은 사과하라"고 제법 큰 소리로 으르렁거렸다.

이번 한국 불교 혁신 운동의 주동적 역할을 한 사람 중 "실천불교 전국 승가 회장" 청화스님(청암사 주지)은 전 총무원장의 체제를 갈아 엎고 새로운 변혁 시대로 탈바꿈하는 변화를 일으킨 중추적 역할을 한 스님인데, 그는 살신(殺身)의 정신으로 불교계 정화와 변혁을 위해 싸웠다. 그는 한국 기독교에 대해 지적하기를 "기독교는 교세를 크게 외부적으로 성장시키는 양적인 발전은 이루었지만, 이것에 걸맞은 내실의 면모는 갖추지 못하고 있는 것이 사실이다.

일부 기독교 인사들은 자기 종교만이 유일한 가치와 진리가 있고 타종교는 비진리적이라는 폐쇄적인 태도 때문에 거기 반발하는 역효과를 겪고 있다. 종교는 다른 어떤 것보다 무한히 높고 깊고 넓은 사상을 가지고 있으며, 이것을 바탕으로 미래와 역사를 보는 안목을 길러야지, 편견과 아집과 이기심은 대중으로부터 불신임을 받는다…"고 했다.

오늘 우리 사회의 총체적인 부패와 타락 속에서 이 나라를 건지고, 타락한 문화를 변혁시킬 주체의 역할을 해야 할 기독교가 대각성을 하고 떨치고 일어나야 한다. 그런데 기독교마저 중세의 로마교회처럼 부패와 타락 속에 절망적인 상태에 죽어가고 있다는 현실은 안타깝다. 이대로의 한국 개신교의 대각성과 혁신은 절망적이다.

소경이 등을 켜 들고 밤길을 가다가 바람에 불이 꺼졌는데 그런 줄도 모르고 가다가 어떤 사람과 마주쳤다. 화가 머리 끝까지 치민 소경은 불이 꺼진 초롱을 앞으로 내밀면서 "이런 눈알이 빠진 소경 같은 녀석아! 이 초롱이 안 보여?"라고 했다. 한국 개신교가 이런 격이다.

예수님은 "새 포도주는 새 부대에 넣어야 한다"(마 9: 17)고 하셨다. 한국 개신교는 혁신해야 한다. 지금의 모든 현실은 모두가 비기독교적이고 비복음적인 것들이 판을 치고 부정부패가 가득 차 있다. 한국 개신교는 이제 더 이상 부흥되지 않고, 둔화되고 있다. 모두들 은사 받는다고 쇄도하던 기도원에도 가는 사람의 수가 감소되어 간다. 젊은 청소년들도 더 이상 교회에 나오려 하지 않는다.
  판넨베르크 교수는 "다가올 21세기에는 로마 가톨릭과 그리스 정교회와 복음주의 개신교만이 살아 남을 것"이라고 했다.

내면적인 기독교를 다시 세우라

  기성 한국 교회는 여전히 자체 반성이 없이 물량주의, 팽창주의, 배금주의, 세속주의로 달리고 있다. 잘못된 지도자들, 직업적 목사들이 교인들의 영성을 살릴 도리는 모르고 현세지향적(現世指向的) 축복관만 선전하고 기복적 기도, 인간적인 방법, 기술, 경영학적인 방법만을 도입하여 교회를 자기의 기업체로 만들어 버렸다. 유럽 백인들의 교회들처럼 노동자와 농민과 가난한 사람들은 밀려나고, 그대신 가진 자와 중산층의 노리갯감으로 타락하고 새로운 귀족이 생겼다.
  외적, 사회적 지향이나, 지성적 지향에 흐르지 말고 내면적 영성적 기독교가 되어야 한다. 지금 우리의 급선무와 위기는 기독교의 선전이나 외적인 운동이나 부르짖음보다, 맛 잃은 소금이 되고 무딘 도끼가 된 기독교 자체의 솔직한 반성과 성찰과 자기 판단에 있다.
  오늘 한국 기독교회의 문제는 신학의 문제가 아니요, 정통 교리의 논쟁의 문제가 아니요, 교파 분열, 총회, 노회, 협의체,

대소(大小) 교회의 문제가 아니다. 한국인의 양심, 한국 기독교인들의 양심이 문제이다. 목회자들의 양심이 문제이다. "깨끗한 양심에 믿음의 비밀", 그리스도의 복음을 담고 다녀야 하는데 양심이 무너졌으니 기독교의 모든 운동이나 활동은 파선해 침몰해 간다.

디모데전서 4:2에 "자기 양심이 화인을 맞아서 외식함으로 거짓말하는 자들이라"고 했다. 상습적인 언행불일치자는 그 양심이 화인(火印)을 맞은 자이다. 바울이 몸에 그리스도의 흔적을 가지고 있었던 것처럼 종교 위선자는 사단의 흔적을 가진다. 그것이 양심의 화인이다.

중국 최대의 학자 오경웅(吳經熊) 박사는 말하기를 "나는 유교라는 유향과 도교라는 몰약과 불교라는 황금으로 아기 예수를 경배하는 동양 그리스도인이다"라고 했다.

기독교인과 맹자의 사단지심(四端之心)

우리 기독교인은 종교 다원주의는 말고, 겸손하게 불교에서, 유교에, 동양 종교 사상에서 배우자. 맹자는 동양 최대의 철학자로서 그의 근본 사상은 성선설(性善說)이었다. 그의 선천양심론(先天良心論)에서 주장하기를, 사람은 천지의 중(中)을 받아 탄생한다고 한다. 나면서부터 양심을 구비해 가지고 탄생하는데 이것을 "본심"이라 한다. 양심의 본심(本心)이다.

인의예지(仁義禮智)의 네 가지의 덕은 사람이 외부에서 경험적으로 얻는 것이 아니라 천연고유(天然固有)의 것이라고 했다.

맹자가 가장 강조한 것은 사단지심(四端之心)이다.
      측은지심(惻隱之心)은 인(仁)의 단(端)이요,
      수오지심(羞惡之心)은 의(義)의 단(端)이요,
      사양지심(辭讓之心)은 예(禮)의 단(端)이요,
      시비지심(是非之心)은 지(智)의 단이다.

인간에게는 사단지심(四端之心)이 있어서, 이 사단지심을 확충(擴充)해 가면서 작은 불꽃이 타올라 점점 커지듯 된다. 인간은 본심으로 인의예지(仁義禮智)라는 훌륭한 것을 소유하고 있으면서 속정(俗情) 때문에 그것이 엄몰되어 버렸다. 이 네 가지를 가지지 못한 자는 사람이라고 할 수 없으며, 짐승에 불과하다. 본심인 사단지심(四端之心)을 확충하여 양심을 연습하고 길러야 한다.

그 방법에는 소극적인 방법과 적극적인 방법이 있다.

소극적인 방법

① 과욕(寡慾)
    사람들이 양심을 가지고 있으나 외부물이 밤낮으로 눈앞에 다가와 사람의 욕심을 도발하기 때문에 본심의 양(良)을 잃게 된다. 그 병근(病根)은 탐욕 때문이니 욕(欲)을 억제하여 과욕(寡慾)하면 된다. 맹자는 과욕(寡

慾)을 말했지만 금욕을 말하진 않았다. 기독교 수도자들은 금욕고행을 강조하였다.

② 존야기(存夜氣)

사람이 주간에 깨어 활동하는 동안은 여러 가지 물건들이 감관(感官)인 눈과 귀에 비쳐 욕심이 일어나며, 그 때문에 본성이 나빠지지만, 밤이 되어 오관이 쉬고 마음도 침착해지면 스스로 반성하게 되고, 정신이 순결하여 아무런 사념(邪念)도 없어진다. 나쁜 짓만 계속하면 양심이 아주 없어져 버리니 야기(夜氣)를 꺽지 않으면 안 된다.

적극적인 방법

① 확충(擴充)

참을 수 없는 것을 참으면 "인(仁)"에 이르고, 남이 하지 않는 것을 하게 되면 "의(義)"에 이른다.

사단지심을 확충시키면 한 점의 불꽃이 큰 불이 되듯이 어떤 물욕(物慾)도 방해할 수 없는 성인이나 현인(賢人)이 된다.

② 양기(養氣)

맹모삼천(孟母三遷) 즉, 맹자의 어머니가 맹자를 기르기 위하여 세 번 이사를 했다는 이야기이다. 맹자는 어린 시절에 경험한 것을 미루어 보아서 거(居)는 기(氣)를 이(移)하고, 양(養)은 체(體)를 이(移)하고, 주거(住居)는 그 사람의 정신에 영향을 끼친다고 보았다.

육체와 정신은 한층 중대한 상호작용을 하는 것인 고로

맹자는 정신적 수단만 아니라 육체적 수양도 필요하다고 말했다. 스스로 반성하여 추호도 부끄러운 점이 없는 고위 공명정대 부앙천지(公明正大 俯仰天地)에 가책되는 바가 없는 양기(養氣) 즉, 부귀도 음(淫)치 못하고 빈천(貧賤)도 이(移)치 못하고 위무(威武)도 굴(屈)치 못하는 상태에 도달하는 것을 호연지기(浩然之氣)라 했다. 호연(浩然)의 기(氣)에 이르도록 양기(陽氣)해야 한다.

  기독교인은 맹자의 양심론을 배워야 한다. 사단지심에 살지 못한 자는 맹자의 제자도 못 되는 기독교인이다.
  서구의 유행신학, 신(神) 죽음의 신학, 정치 신학, 해방 신학 등등보다 동양 도덕, 유교 도덕의 근본이 되는 세 가지 도리(綱)인 삼강오륜부터 배워야 한다. 소위 기독교인이 25%나 산다는 우리나라에서 부자유친(父子有親), 군신유의(君臣有義), 부위부강(夫爲婦綱)의 삼강(三綱)은 뒤집어진지 이미 오래이다.
  불교에서는 심성을 많이 말하는데, 이 마음은 그냥 마음이 아니다.

무릇 지킬 만한 것은…

바울은 내적인(內的人)의 마음(καρδια)과 양심(συνείδησις)을 구별했다. 그냥 마음의 깨달음이 아니다. 인간의 사람 된 연유는 양심이다. 기독교인의 종교인으로서의 가치와 권위는 깨끗한 양심 여부에만 있다. 신학이 아니다. 사상이 아니다. 교리가 아니다.

"무릇 지킬 만한 것보다 더욱 네 마음을 지키라 생명의 근원이 여기서 남이니라"(잠 4:23)

목숨 걸고 지킬 것은 양심이다. 양심에 꺼리는 일을 계속 반복하면 결국 양심이 죽어버린다. 어떤 이는 "선한 거짓말은 해도 된다"면서 거짓말을 슬슬 하였다. 그가 몇 달 지나는 동안 하는 행동이란 모조리 선의(善意)의 거짓말이었다. 그러나 결국 그는 신용이 없는 사람이었다.

인간이 짐승 이하로 타락해 가는 인류사의 비통! 더구나 기독교인이, 성직자들이 짐승 이하로 떨어지고만 통곡할 시대!

양심을 잃어 버리면 기독교는 침몰하고 만다. 양심을 지키지 못한 목사의 목회는 참담한 파선을 당한다. 양심을 잃으면 인간의 모든 것이 허구에 빠진다. 양심을 지키지 못하면 그의 인격도, 종교도, 믿음도, 예배도 일절 무의미해진다. 파선하고 침몰한다. 양심이 깨끗이 살아 있어야 인간이지, 양심을 지키지 못하면 짐승이다.

"사람들은 개나 닭을 잃으면 찾아 돌아 다니면서도 잃어 버린 양심을 찾으러 다니지는 않는다. 손가락 하나 남과 같지 않다고 해서 부끄러워 하면서 마음이 남과 같지 않다고 부끄러워 하지 않는다."(맹자)

맹자는, 인간은 선천적으로 본성에 인의예지(仁義禮智)라는 아름다운 덕을 지니고 있으면서도, 외부 사물에 대한 욕정 때문에 본성이 엄몰(掩沒)되고 깨끗한 양심이 죽는 것이라고 했다. 탐심, 혈기, 어리석음의 삼독(三毒), 육신의 정욕, 안목의 정욕, 이생의 자랑 등에 날뛰면서 종교를 믿어도 바로 못 믿고 만다.

한국 개신교 교인들은 양심을 몽땅 도둑 맞은 정신병자, 정신이상자들이 있는 병동과 같은 교파들이다. 미국을 순회 부흥회 하면서 불법 이민 사업을 축복해 주기로 약속하고 8백만 원이나 사기를 친 목사! 수도원에서 집회하고 돌아가다가 남의 밭에 들어가 고추 훔치다가 잡힌 여신도들! 사라져 버린 양심! 6. 25 사변 때 서울에 인민군이 쳐들어 왔다는 소문을 듣고, 천리 밖 광주의 큰 교회 목사들은 교인보다 먼저 부산으로 도망치면서 사찰에게는 교회 잘 지키라고 당부했다는 이야기!

양심은 인생관이나 사상이 아니다. 인간다움, 기독교답게 사는 행위의 동기이다. 인간 만사의 기본이다.

21세기를 향한 기독교 운동의 허상

아직도 허황한 꿈꾸고 있는가?

21세기 기독교 운동이라는 제목으로 너무 무리한 계획을 세우고 있다. 현재 1천 2백만 명도 너무 많다. 목사 한 명에게 100명도 많다.

오늘날 한국 교회의 가장 급선무는 교회 부흥이 아니다. 예배가 아니다. 성경이 아니다. 기독교인의 인간 변화, 생활 변화가 급선무이다. 기독교인들이 참으로 중생하고 회개하고 성화되는 일이 급선무이다. 목사들이 양심 지키는 일, 절대 양심 지키는 일이 급선무이다. 일반 사람들은 목사들의 언행이 일치하지 않는다고 비판한다. 목사들의 말을 믿을 수가 없다는 것이다. 목사의 입에서 나오는 "예"라는 소리를 믿을 수가 없다고 한다.

대교회주의, 특수 교회를 만드는 일, 대량 거대화 운동을 지양하자. 날치기와 같은 교역자들을 물리치자. 5만 명의 교인들을 어떻게 목사 몇 사람이 맡아 바른 지도를 할 수 있다는 말인가? 목사 한 사람에게 교인 백 명도 많다. 아니 50명도 많다. 어느 특수 학교는 학생 10명에게 교사는 30명이라고 한다. 지옥으로 가는 문은 크고 길은 넓다.

군사정권이 물러가고 문민 정부가 들어서고, 기독교인들이 정권을 잡았으니 나라가 축복 받고, 정치가 순조롭게 잘 될 것 같았다. 그러나 새 정부가 들어서고 곧장 대형 철도 사고, 비행기 사고, 배 사고, 천변지재(天變地災)와 인재(人災)가 계속 되었다. 정치가 죽을 쓰고 있는 듯하다. 얼굴에 마스크 쓰고 강도 같이 쇠파이프를 휘두르고 화염병을 던져 경찰차를 불태우고, 경찰은 가스탄 쏘고…이것은 대 환란의 모습이 아니고 무엇이란 말인가? 데모대를 따라 다니다가 가스탄에 맞아 죽은 학생을 열사라고 떠받들어 목사가 장례식 치러 주고, 서울 시청 광장에서 노제 지내는데, 신학생은 특별 강사를 청해 놓고 공부도 하지 않고 노제에 몰려갔다.

민주주의란 정치의 최후의 길이라는 말인데, 성인들의 사회, 철인(哲人)들의 민주주의가 아니라 짐승떼들의 민주주의이니, 양심이 화인(火因) 맞은 광인(狂人) 사회의 민주주의니, 지금이 말세이다.

말세의 징조는 보이는데도 …

혜성은 살별이다. 살별이 하늘에 나타나면 세상이 망할 징조이다. 하늘이 내리는 재앙이다. 커다란 재앙을 몰고 온다. 지구와 충돌하면 동식물이 전멸하고 만다. 95년에는 인도에 대홍수로 수백 명이 죽고, 일본 동경에 진도 7의 지진이 났고, 한국에는 한 달 이상 가뭄이 계속 되었다. 아프리카 르완다의 피난민이 수십 만 명에 이르고, 콜레라로 하루에 평균 3천 명이 죽고 있는데, 할 수 있는 일이란 죽은 시체를 묻는 일뿐이었다.

"누른 안개와 검은 구름이 사흘 동안 끼고 혜성이 진성 머리에 나타나서 은하에 들어가 자미성을 범하고 두미성이 옮아 두성에 이르러 남두성에 마친다… 살별(彗

星)이 진성(軫星) 머리에 나와서 하간(河間; 혹은 북두라 하였음)에 들어가고 자미성(紫微星)에 범하고 북두에 옮기고… 대중화(大中華), 소중화(小中華)가 함께 말할 것이다."(정감록)

"민족이 민족을 나라가 나라를 대적하여 일어나겠고 처처에 큰 지진과 기근과 온역이 있고 또 무서운 일과 하늘로서 큰 징조들이 있으리라."(눅 21: 10-11)

"위에서 근심하고 아래에서는 흔들릴 것이요, 아전이 태우를 죽일 것이요, 삼강오륜이 영영 없어질 것이다."
(정감록)

"말세라, 아비가 자식을 죽이고 아우가 형을 죽일 것이요 큰 흉년이 들고 아전이 태수를 죽이고 조금도 거리낌이 없고 상하의 분이 없어지고 강상망변(綱常亡變)이 자주 일어나고 임금은 어리고 나라는 위태로와 외롭고 의지할 것이 없을 때에…"(정감록)

성경에도 이러한 사태를 예언하고 있다.

"형제가 형제를 아비가 아비를 죽이는 데 내어 주며 자식들이 부모를 대적하여 죽게 하리라."(막 13:12)

하극상(下剋上)은 말세의 징조이다. 지금 우리나라는 윤리도덕이 완전히 무너져, 국민학생이 부끄러움이 없이 애인을 사귀고 있고, 중학생이 음란 만화를 주머니에 넣고 다니며, 고등학생과 대학생은 음란 비디오를 보고, 여대생 80% 이상이 성 경험을 가지고 있다고 한다. 기독교인들도 음란 비디오를 보고, 기독교인 가정의 아들이 교회 안수 집사인 부모를 칼로 찔러 죽이고도 아무런 양심의 가책을 못 느끼고 있는 세상이다. 어머니를 때려 산에 버린 불효자가 있고, 시어머니를 때려 죽인 며느리가 있고, 내연의 처를 죽여 토막 내어 비닐 봉지에 넣어 쓰레기에 버린 일이 있다. 시어머니가 말 한 마디만 하는 날이면 문을 쾅 닫고 자기 방에 들어가 음악 감상을 한단다. 젊은 여성들은 낡은 세대는 새 세대 젊은이를 이해해 주어야 한다고 하면서 이런 태도를 옹호한다.

개신교 안에서는 자기네 만이 정통이라 하는 대한 예수교 장로회 총회장이라는 자가 무려 135명을 넘긴 지 오래이다. 총회장에 출마하려면 10억 원 이상을 써야 한다고 한다. 이 돈은 모두가 성도들이 하나님께 바쳤다고 생각하는 연보이다. 교인들에게 수입의 십일조 뿐만 아니라 재산의 십일조를 바치라고 강요하여 긁어 모은 돈이다. 분명 머지않아 한국 기독교는 망할 것이다.

우리가 진정 고대하는 것

국가적으로나 정치적으로나 지금 우리들이 고대하는 애국자는 정치적 정략(政略)이 좋고 지도력과 외교력이 좋은 정치가보다는 양심이 살아 있는 사람이다.

마하트마 간디는 정치가라기보다는 마하트마(위대한 영혼) 성웅(聖雄)이었다. 철저한 양심인이었다. 그는 언제나 손수 물레를 돌리며, 3등 열차를 타고 "나의 거짓말 한 마디로 인도가 독립을 할 수 있다고 하더라도 나는 거짓말을 할 수 없다"고 말한 양심인이었다.

인간의 여러 가지 실천적 방면의 현상은 모두 '행위(行爲)'라는 항목 속에 총괄할 수 있다. 행위 여하만이 중요하다. 물체적 운동과는 달라서 일종의 의식을 갖춘 목적이 있는 운동이다.

참 기독교인들에게는 교파도, 교회도 필요 없다. 절대 양심만이 필요하다. 성경을 많이 아는 것에 앞서 절대 양심을 세우는 것이 더 중요하다. 한국 교인들만큼 성경을 많이 아는 기독교인들이 어디 있겠는가? 그러나 한국 기독교인들만큼 인간의 이성과 양심을 잃은 기독교인들이 또한 어디 있겠는가?

백영희 목사는 성경만을 중요시했다. 그의 집회 때에는 전국에서 목사들이 구름떼처럼 몰려 와서 천막 치고 성경 공부를 했다. 그가 시무하던 서부교회는 유년주일학교 학생이 3만 명이었다. 매 주일 60명의 어른들이 나서서 교통 정리를 했다. 그러나 어느 새벽 기도회에서 한 청년이 강단에 뛰어 올라와 칼로 백 목사를 칼로 찔러 죽였다. 백 목사가 죽은 뒤 그 교회는 분열하고 말았다.

교회 지도자는 지식으로, 학문의 권위로, 학벌로, 종교가의 권위를 삼고자 해서는 잘못이다. 신학적 정통, 보수주의, 복음주의 교리이면 다라고 생각해서도 안된다. 지금 한국 교회는 대학자, 대지식인이 필요하지 않는다. 우리가 갈망하는 것은 목사로는 주기철 목사와 같은 양심의 성직자, 장로로는 조만식 장로와 같은 양심인이 필요하다. 우리 기독교인들은 절대 양심인이 되어야 한다. 그것만이 기독교인의 인격이다. 양심 생활을 해야 한다. 아무리 출세 성공하고, 큰 재산을 모으는 일이라도 양심에 꺼리고 가책되는 일은 해서는 안된다.

이스라엘에는 많은 직업 제사장들이 있었고, 선지자들도 있었다. 그러나 이스라엘의 종교를 살려간 지도자는 북 왕국의 엘리야, 남왕국의 예레미야였다.

제2차 세계대전 때에 독일 나치스 주의가 횡포하고 있는 동안에 독일에는 목사들이 많았으나, 대부분 나치스에게 굴복했는데, 끝까지 양심을 지킨 목사는 본 회퍼와 니묄라 목사였다. 일본 군국주의가 아시아를 침략하고 있을 때, 일본에 목사들이 많았으나 끝까지 군국주의에 굴복하지 않았던 이는 우찌무라간조뿐이었다. 스코틀랜드에는 목사들이 많았지만 여왕 앞에서 양심을 굽히지 않은 사람은 존 낙스 한 사람뿐이었다. 그는 메리 여왕의 부정한 결혼을 여왕 앞에서 충고했다. 낙스의 무덤에는 "여기 사람의 얼굴을 두려워하지 않는 사람이 누워 있다"는 비명이 새겨져 있다.

하나님만을 경외하는 자가 되어, 절대 양심을 지키는 자가 되라.

4.
인격 완성을 하자

의인은 없나니 하나도 없도다

"의인은 없나니 하나도 없으며 깨닫는 자도 없으며 하나님을 찾는 자도 없고 다 치우쳐 한 가지로 무익하게 되고 선을 행하는 자는 없나니 하나도 없도다 저희 목구멍은 열린 무덤이요 그 혀로는 속임을 베풀며 그 입술에는 독사의 독이 있고 그 입에는 저주와 악독이 가득하고 그 발은 피 흘리는데 빠른지라 파멸과 고생이 그 길에 있어 평강의 길을 알지 못하고 저희 눈 앞에 하나님을 두려워함이 없느니라."(롬 3:10-18)

"현대인은 탈 인간화(dehumanize) 되었다"고 마르크스는 말했다. 현대인들은 자아 감각을 상실했다. 개인은 군중들에 의해 삼켜졌다. 자아 상실, 인격 상실, 인간 이하로의 전락되었다. 카프카는 "인간은 자아의 동일성(同一性)을 상실했다"고 했다.

현대인은 기계에 대한 용어는 자세히 알고 있다. 자동차 부속품과 컴퓨터 등의 용어는 잘 알고 있다. 인터넷을 통해 세계 구석구석에서 일어나고 있는 소식을 거의 동시에 알 수 있다. 그러나 도덕성, 인간성, 가치관, 인생관 등 의미 있는 인간관계를 말하려 할 때는 적당한 용어와 철학을 모른다.

> 아! 우리는 텅 빈 인간!
> 두뇌 조각은 짚으로 채워졌는가?
> 형태가 없는 모양,
> 색깔이 없는 제스추어

인간 상실, 인격 상실, 자아 상실. 인격을 상실한 인간은 개보다 못하다. 개는 의식이 없지만 노이로제란 것도 없을 것이고, 따라서 불안이나 죄악감도 없다. 기계 문명 속에서 인간들은 "텅 빈 인간"화 되어 간다.

> "나는 차라리 돌고 돌아서 개와 같이 살았으면…그들은 땀도 흘리지 않을 뿐더러 그 상태를 불평도 않는다. 어두운 밤에 잠 못 이루며 죄 때문에 우는 일도 없을 것이니…"(휘트만)

현대인은 인간 되기를 포기하고 스스로 인격임을 저버리고 자진해서 짐승 이하로 떨어져 광란(狂亂), 타락, 인격 상실의 내세(來世)를 만들어 버렸다. 하나님께서 자기 형상대로 창조하여 그 코에 생기를 불어 넣어 생령(生靈)이 되게 하셨다는 인간 창조의 목적은 20세기 현대의 인간성이 이렇게 되어 버리는 데 있지 않다.

구원의 목표는 인격 완성

성경에서의 구원의 목표는 인격 완성에 있다. 어느 정도까지 인격을 완성하려는가? 그것은 하나님의 본질(성품) 그리스도의 충만까지이다. 예수께서는 "그러므로 하늘에 계신 너희 아버지의 온전하심과 같이 너희도 온전하라"(마 5:48)고 하셨다.

"우리가 다 하나님의 아들이라 믿는 것과 아는 일에 하나가 되어 온전한 사람을 이루어 그리스도의 장성한 분량이 충만한 데까지 이르리니"(엡 4:13)

"오직 사랑 안에서 참된 것을 하여 범사에 그에게까지 자랄찌라 그는 머리니 곧 그리스도라"(엡 4:15)

"…그가 나타내심이 되면 우리가 그와 같을 줄을 아는 것은 그의 계신 그대로 볼 것을 인함이니 주를 향하여 이 소망을 가진 자마다 그의 깨끗하심과 같이 자기를

깨끗하게 하느니라"(요일 3:2-3)

하나님의 바람도, 우리 인간의 소원도 인간 완성에 있다. 구원이라는 것은 인간을 완성하는 데에 그 목적이 있다. 인간 완성, 인격 완성이 구원이다. 도덕성의 완성, 경건의 완성이 구원이다. 어떤 종교라도 인간의 도덕과 인격 구원 문제를 무시한 것이 있을 수 없다. 구원은 개인적인 문제요, 구원의 완성은 도덕적인 완성 즉, 완덕(完德)과 인격적인 완성, 즉 성화(聖化)에 있다. 인간 완성이다. 인격 완성을 무시하고, 단지 기복신앙이나 이익 종교, 공리적(功利的) 신앙만 강조하는 종교는 사교(邪敎)이다.

예수를 믿고 의롭다 함을 얻었다면 구원이 끝나는 것은 아니다. 바울은 계속해서 믿는 사람의 완성을 향한 정진(精進)을 강조했다.

"말과 행실과 사랑과 믿음과 정절(순결)에 대하여 믿는 자의 본이 되라…이 모든 일에 전심전력 하여 너희 진보를 모든 사람에게 나타나게 하라…"(딤전 4:12, 15)

"항상 복종하여 두렵고 떨림으로 너희 구원을 이루라…"
(빌 2:12)

구원의 기본은 믿음

기본은 믿음으로 출발했다 해도 계속 성성(成聖)을 위해 성장해야 하고, 완덕을 이루고 성화 완성해서 인격 완성을 이루어야 한다.

정자와 난자가 결합해서 태아를 이루어 비로소 인간의 씨가 되었지만, 그것으로 완전한 인간은 아니다. 어머니 태 속에서 10개월 거쳐 이 세상에 비로소 탄생하고, 그 영아가 계속 성장하여 자아의식이 생겨야 인간을 이루는 것처럼, 그 인간이 다시 인격 완성을 이루고 완덕과 성성(成聖)을 달성해야 한다.

"그런즉 누구든지 그리스도 안에 있으면 새로운 피조물이라 이전 것은 지나갔으니 보라 새것이 되었도다"
(고후 5:17)

우리가 바라는 최종 목표는 천당이 아니다. 천천만 천상(天上)의 성도와 함께 천국 상속 받고 신민(神民)이 되는 것이다.

"그러므로 정욕을 인하여 세상에서 썩어질 것을 피하여 신의 성품에 참예하는 자가 되려 하셨으니"(벧후 1:14)

"신의 성품($\theta\epsilon\iota\alpha\varsigma$ $\phi\upsilon\sigma\omega\varsigma$)에 참예" 한다는 말은 신의 성질에 사귐을 갖는다는 말이다. 신과 동질이 되어 사귀는 것이 구원의 최종 절정이다. 기독교인의 목표는 신(神)의 성질에

"코이노니아" 하려는 데 있다. 종교라 하면 거룩한 집단이고, 종교가(宗敎家) 혹은 성직자(聖職者)라고 하면 천사와 같은 사람으로 존경해야 하는데, 오늘의 개신교회와 교역자들이 왜 이렇게 부패 타락하여 짐승의 자리까지 떨어졌는가!

차라리 인간마저 포기한 기독교인들

　들어 보라. 지금 내가 말하려는 이런 기독교라는 것이 있을 수 있겠는가? 이런 교역자, 이런 교인들이 그대로 아직 자기네가 기독교인이라며 천당 가겠다는 꼴을 차마 볼 수 없다.
　우리나라의 윤리 도덕의 타락의 예로는 12살 소녀 가장을 이웃 주민 14명이 상습적으로 강간하고, 중학교 3학년 학생이 학교에서 출산하고, 교사가 여학생을 성추행하고, 고아원 원장이 원아들을 강간하고…
　기독교회 내의 교역자들의 윤리 도덕의 타락상은 더 아연실색할 정도이다. 모 교단의 총무였던 K 목사는 사무실 여직원을 상습적으로 성폭행한 후 동역자와 짜고 오히려 피해자를 괴롭히고, 목사와 여전도사와의 불륜 관계는 부지기수로 많다. 부흥사 기도원장의 여 교인 추행 사건, 기도 받으러 온 교인을 강간하고, 부흥사와 초청한 교회 목사 부인과 불륜 관계를 갖고, 원 목사가 부목사 부인을 성추행하고, 교회 주일학교 교사와 성가대원들 간의 성문란 등등…

교회를 이중으로 팔아먹고 도망간 여 목사는 남자 교인들을 사냥한다고 한다. 해외에 선교사로 나간 일부 선교사나 목사들이 걷잡을 수 없을 정도의 윤리, 도덕적 타락상. 모 일본 교민회장은 "목사놈 새끼들은 가는 곳마다 여자들을 건드리고 사기 치고 도망 간다"고 하면서 목사라면 무조건 머리부터 흔든다고 한다.

논산 B 교회 C 목사는 중학생을 성폭행하고, H 교회 임 목사는 동역자 부인을 강간했다. 교회 사찰 부인을 강간하고 오히려 뻔뻔스런 K 목사가 있는가 하면, 유명한 총회장은 자기 수양딸과 불륜 생활을 하였다. 어느 신학교 이사장인 L 목사는 밤마다 부자 과부집에 드나들면서, 치리하려는 사람들에게 차 대접 받으러 갔을 뿐이라고 거짓말까지 했다. 새벽 기도회에 서방 만나러 간다는 소문난 권사와 목사, 여전도사를 안찰해 주다가 성추행하고 처자를 버리고 함께 도망 간 어느 목사 등등.

한국 개신교회와 교역자들이 이 꼴이 되어 윤리 도덕적 파렴치한 비인간이 되어 타락 종교로 기독교가 설 자리가 없어져도, 그래도 우리는 부끄러움을 모르는 철면피 같이 계속 강단에서 설교하고, 그래도 천당 가는 것인가?

지옥에도 교회가 있다고 심령학자들은 주장한다. 천당에 못 간 목사들이 지옥에 가도 세상에서 목사 노릇하던 고정 관념 때문에 지옥에 가서도 교회를 본다고 한다. 40일 동안 예수님의 안내로 지옥을 구경하고 온 워싱턴 시의 여 목사의 기록에, 지옥 불가마 속에 키가 6척이나 되는 백인 목사가 빠져 있는데, 불가마 속에서도 세상에서 교회 강단에서 성경 펴들고 설교하던 시늉을 하고 있더라고 한다.

맹자는 선천양심론을 주장하며 "사단지심(四端之心)"이 없는 인간은 사람이 아니라 짐승이라고 했다. 이 네 가지 마음이 인간 양심의 내용이어서 본심이라고도 한다. 순교자 주기철 목사는 "요순의 무리도 못 되는 것들이 어떻게 그리스도의 제자가 될 수 있는가"고 갈파했다.

교인들은 그 다니는 교회에 따라, 목사에 따라 변하는 것인데, 오늘 한국 개신교 교역자들은 교인들을 몰아 지옥으로 보내고 있다.

이적 중 가장 큰 이적은 물이 포도주가 되는 것

이적 중에 가장 큰 이적은 "물이 포도주"로 변하는 이적이다. 예수 믿고 인격이 변해야 한다.

"누구든지 그리스도 안에 있으면 새로운 피조물이라 이전 것은 지나갔으니 보라 새것이 되었도다"(고후 5:17)

이신득의로 멎어서는 안된다. 믿기만 하면 되고 아무렇게 살아도 무방하다는 주장은 도덕폐기론이고 이단이다. 잘못 믿는 것이다. 믿기만 하면 아무렇게 살아도 된다는 주장은 이단이다. 회개는 근본적 회심은 한 번만 있으면 된다는 주장은 큰 잘못이다.

　종교개혁자들은 "믿음으로만" "은혜로만"을 주장했는데, 종교개혁하고 나서 개혁교회 교인 생활은 도덕적으로 문란해지고 계속 분열해서 새로이 "경건주의 운동"이 일어났다.

　바울은 고린도 교회 안에 도덕 문제, 음행 사건을 언급하면서 "어찌하여 통한히 여기지 않고 그 일 행한 자를 너희 중에서 물리치지 아니하였느냐…이런 자를 사단에게 내어주었다"고 했다(고전 5:2-5).

　"사단에게 내어준다"는 것은 성 추행자를 파문하라는 것, 고의적 죄인은 축출하고 교회에서 제명시키고 이방인 같이 간주하라는 것이다. 아무렇게나 믿어도 예수를 믿어내는 것이 아니다. 예수는 우리에게 두 가지 대상이 된다. 믿어 의롭다 함을 얻고 예수를 본받아 거룩함을 이루어간다. 모든 그리스도인은 도덕적 완성, 완덕에 이르러야 하고 성화(聖化) 완성을 이루어야 한다. 믿어서 칭의, 기본 구원을 얻고, 본받아 거룩함을 이루어 성화 구원을 이루고 성화 완성 되어 영광 구원을 얻는다. 믿기만 하면 다 된 것이 아니다. 믿는 자는 완덕에 이르러야 한다.

　　"우리가 다 하나님의 아들을 믿는 것과 아는 일에 하나
　　가 되어 온전한 사람을 이루어 그리스도의 장성하나 분
　　량이 충만한 데까지 이르리니"(엡 4:13)

　전통적 설명에 의하면 완덕에 이르는 단계는 정화(淨化)의 단계, 조명(照明)의 단계, 일치의 단계로 이루어진다. 참 그리스도인은 그리스도의 충만, 덕성(德性)의 충만, 모든 성격의

충만으로 그리스도와 같은 정도의 성질을 구비해야 한다.

교회에 다닌다고 그리스도인이 아니다. 성경을 부지런히 본다고 인격 완성이 되는 것이 아니다. 예배 드린다고 인격이 변화 되는 것이 아니다. 모든 기독교인은 세상 사람들 앞에서도 "사람 구실"을 해야 하고, "기독교인 구실"을 해야 하고, "천국 백성 구실"을 해야 한다. 사람 구실도 못하면서 세상 사람들 앞에도 부끄러운 존재가 어떻게 목사라고 할 수 있겠는가? 짐승보다 못하게 살면서…. 우리 마음의 소원은 천당 가는 일이 아니다. 인격 완성, 성화 완성이다. 그리스도의 성상(聖像)을 이루는 일이다. "나"라는 자아 의식이 인격 완성을 이루어야 나의 구원이다.

"너희 안에 이 마음을 품으라 곧 그리스도 예수의 마음이니…"(빌 2:5)

예수님께서는 "나는 마음이 온유하고 겸손하니 나의 멍에를 메고 내게 배우라"고 하셨다. 한국 기독교 1천 2백만 명 교인 수가 자랑스러운 것이 아니다. 참 인격적 그리스도인이 고대된다.

금년 홍수로 연천, 철원, 문산 등지에 수해가 대단한데, 제일 문제되는 것이 산더미 같은 쓰레기를 쳐 내는 일이었다. 쓸어내도 쓸어내도 한없이 쌓여 악취가 진동하는 쓰레기. 쓰레기 같은 교인들이 도덕적으로 썩는 냄새. 이제부터는 쓰레기 같은 교인 수 불리기, 큰 교회 짓기, 돈 많이 짜내기, 300개나 되는 신학교를 자랑 말고, 한 사람 한 사람 기독교인의 인격 완성에만 전력을 다해야 한다. 교회라 하면, 기독교인이라

하면 점잖고 존경할 만하고 믿음직해야 하고, 기독교인들 세계, 교회라면 그곳에는 깊은 친절과 깊은 사랑이 있는 곳으로 세상 만민이 다 알 수 있게 되어야 한다.

인격 완성, 성화 완성을 이루는데 가장 문제가 되는 것은 우리 속에 있는 옛 아담이다. 타고난 기질과 성격이다. 기질(temperament)은 타고난 체질적인 것이기 때문에 변화시킬 수 없다고 한다. 따라서 기질의 차이는 아무런 윤리학적 의의(意義)를 갖고 있지 않다고 한다(양이 온순한 것은 타고난 기질 때문이다.)

성격(character)은 본질적으로 사람의 체험, 특히 어린 시절의 생활 체험에 의해서 형성되는 것이므로 통찰과 새 체험에 의해 어느 정도까지는 변경시킬 수 있다고 한다. 따라서 성격의 차이는 윤리학에 있어서 참된 문제가 된다.

히포크라테스의 성격 분류

  담즙질(膽汁質)=불=덥고 건조하며 성급하고
      강하다.
  다혈질(多血質)=공기=덥고 습하며 성급하고
      약하다.
  점액질(粘液質)=물=차고 습하며 성격이 느리
    고 약하다.
  우울질(憂鬱質)=흙=차고 건조하며 성격이 느
      리고 강하다.

성격보다 기질이 문제가 된다. 조상과 부모로부터 유전해 타고 난 기질, 한국인의 기질이 문제이다.

　이현필 선생은 각혈하면서 일어나 앉아 무릎을 꿇고 합장하고 하늘을 쳐다보면서 미소하면서 깡통에 피를 절반이나 토했다. 곁에 있는 수녀들이 힘이 드니 누우라 하면 "눕다니 눕다니. 내 한국 놈 더러운 피는 다 빠지고 예수의 피가 내게 들어와야 해. 지금 내 피를 토하는 이 순간은 내 신랑을 영접하는 순간인데 눕다니"라고 하면서 기뻐했다. 그는 한국 사람으로서의 자기 기질을 깨닫고 고쳐 보려고 필사적이었다. 수도자들은 타고난 기질도 극복하고 성화시켜 낸다고 믿었다.

　누구든지 그리스도 안에 있으면 새로운 피조물이라고 했다. 신자는 그리스도의 장성한 분량이 충만한 데까지 이르러야 한다고 했다. 예수 믿고 국민성도, 민족적 기질도, 지방적 기질도 변화되어야 새로운 피조물이다. 인격 완성을 이루어야 한다.

　어거스틴은 본래 아버지를 닮아, 미개한 아프리카인의 피를 받아 육욕적이고 방탕한 정욕의 종이었다. 그러나 그는 예수 믿고 대 성자가 되었다. 프란치스코도 마찬가지이다.

　인간은 천사와 악마 사이로 왔다 갔다 하는 존재라고 한다. 밀라노 수도원 벽에 그린 레오나르도 다 빈치의 그림 「최후의 만찬」은 4-5년 걸려 완성된 것이다. 이 그림의 모델은 처음에는 예수님의 모델이었는데, 몇 해 뒤에는 가룟 유다의 모델이 되었다고 한다. 한국 기독교인이 교회에 오래 다니며 점점 더 무례하고 건방지고 나빠지는 이유는 어디에 있을까?

완덕과 성화

모든 그리스도인의 인격 완성의 목표는 완덕(spiritual perfection)과 성화 완성(sanctification)이다.

완덕(完德)

예수님께서는 "하늘에 계신 너희 아버지의 온전하심과 같이 너희도 온전하라"고 하셨다. 신자는 예수를 믿음으로 의롭다 함을 얻었다 하고, 이제는 다 된 줄 알고 그 자리에 머물러 있어서는 안된다. 매일 매일 그리스도 표준으로 완성을 향해 완덕을 이루어야 한다.

"오직 사랑 안에서 참된 것을 하여 범사에 그에게까지
자랄찌라 그는 머리니 곧 그리스도시라"(엡 4:15)

믿음으로 완덕에 이르는 것이 아니다. 사랑으로야 완덕에 이른다.

"사랑은 온전하게 매는 띠니라"(골 3:14)
"사랑은 율법의 완성이니라"(롬 13:10)

사랑이 완덕의 요소이다.

"하나님은 사랑이시라 사랑 안에 거하는 자는 하나님 안에 거하고 하나님도 그 안에 거하시느니라"(요일 4:!6)

특히 하루 종일 예수님을 생각하고 관상하고 예배하고 찬미하고 사랑하고 "나의 모든 것의 모든 것"이라고 고백하며 살아야 한다. 예수님을 사랑하는 가운데서 예수님을 본받아가고, 예수님을 본받아 가는 가운데 성성(成聖)을 이룬다.

완덕에 이르고자 하나님을 사랑하는 데 방해되는 것들을 제거하는 노력의 3단계가 있다.

초보 단계(淨化의 단계): 하나님 사랑 생활을 직접 거스리는 모든 것, 대죄를 피하는 단계
진보 단계(照明의 단계): 완전히 하나님께 나아가는 생활을 방해하는 인간 애착에서 비롯되는 모든 것 제거
일치(一致) 단계: 완덕자로 하나님과 일치하는 단계. 하나님과 일치하는 것으로 마쳐진다.

신학, 교리, 학위, 인간적 기술, 방법, 수단, 큰 교회 담임, 재미있는 예배, 유창한 설교 등보다 완덕과 성화가 중요하다. 인격으로 행해야 한다. 인격이 목회하고 인격으로 전도하고 인격이 설교해야 한다.

성화

성화(聖化)란 인간이 하나님의 성성(成聖)에 이르거나 참여하는 일, 즉 하나님과 일치한다는 뜻이다. 하나님의 속성은 사랑 자체이시므로 사랑 생활 속에 머무는 자는 곧 하나님과

일치하는 것이다(요일 4:16). 끊임없는 회개, 경건생활, 자아 포기, 형제적 봉사, 윤리 도덕 실천 생활로 사랑의 결실을 하게 한다.

　세속과의 격리 생활, 세상과 세속 교회와 격리하여 이방인처럼 생활하는 것, 적극적으로 성인을 모방하는 것이 성화 생활에 도움이 된다. 금욕 고행도 성화 생활에 도움이 된다.

5.
내면 생활을 하자

외부적 성장

"대저 표면적 유대인이 유대인이 아니요 표면적 육신의 할례가 할례가 아니라 오직 이면적 유대인이 유대인이며 할례는 마음에 할찌니 신령에 있고 의문에 있지 아니한 것이라 그 칭찬이 사람에게서가 아니요 다만 하나님에게서니라"(롬 5: 28-29)

한국 개신교회의 외부적 부흥 성장은 이웃 나라의 기독교 지도자들이 부러워하는 대상이었다. 세계에서 가장 큰 10대 교회 중 첫째도 둘째도 한국에 있다. 세계 50개 큰 교회 중 23개가 한국에 있다. 웅장한 교회 건물이 많기도 동양에서 한국이 제일이다. 교인 총수 1천 2백만 명, 교역자 5만 명, 교회 수 3만 6천 개, 신학교 300개. 한국 선교사들이 세계 곳곳 가지 않은 나라가 별로 없다.

그러나 이런 부흥은 모두 교회의 외부적 성장에 지나지 않는다. 얼마나 많은 교인 수를 불려 내는가? 얼마나 많은 액수의 연보를 짜내는가? 얼마나 웅장한 교회 건물을 지어 놓는가? 그것뿐이다. 교역자들의 머리에 꽉 차 있는 궁리는 그것뿐이다. 고무 풍선에 바람을 자꾸 불어넣어 부풀게 하는 일이다. 그러다가 꽝 하고 터지고 만다.

종교 개혁은 르네상스(문예부흥)의 뒤를 이어 일어난 운동이다. 르네상스가 현세적 생활의 행복을 누리며, 중세 기독교 이상에 대항하는 휴머니티의 반동(反動)이니 만큼 16세기 종교개혁도 그 영향을 받지 아니할 수 없었다.

루터의 종교개혁 후 얼마 지나지 않아 개혁교회에는 여러 가지 문제가 생겼다. 개혁교회 강단이 굳어져 신령한 설교를 들을 수 없게 되었고, 개혁교회 신자들이 도덕적으로 문란해졌고 개혁교 신학자들끼리 계속 분열이 심했다. 영성이 고갈되었다. 그래서 개혁 교회들 안에 새로운 운동이 일어났는데, 그것이 요한 아른트와 필립 야곱 스페너를 중심으로 일어난 경건주의 운동(pietism)이었다.

우찌무라간조(內村鑑三)는 교회주의(敎會主義)에 대하여 "교회라는 세력 단체를 만들어 하나님 나라를 건설하고 영혼을 구원하겠다는 생각은 잘못이다. 하나님 나라 운동을 하는 데는 세력 만드는 일이 해롭다 교회는 신앙의 화석(化石)이다. 산 신앙이 경화(硬化)할 때 교회화(敎會化)한다. 우리는 교회의 외형의 의식(儀式)은 멸시한다. 다만 복음의 얼(精要)

을 존중한다"고 했다.

어느 유력한 가톨릭 지도 신부도 오늘 한국 개신교가 나아가는 외부적 성장은 5백년 전 종교개혁 때 로마 교회가 망하던 전철(前)을 밟는 일이라고 평했다.

한국 불교 혁신운동 '실천 불교 전국승가회장' 청화 스님도 오늘 한국 개신교의 외부적 성장에 대해 경고했다:

"기독교는 교세를 크게 외부적으로 성장시키는 양적인 발전은 이루었지만 이것에 걸맞은 내실(內實)의 면모는 갖추지 못하고 있는 것이 사실이다. 종교는 다른 어떤 것보다 무한히 높고 깊고 넓은 사상을 갖고 미래와 역사를 보는 안목을 길러야 한다."

종교 운동에는 외부적 활동 발전과 내면적 탐구 내실을 다지는 두 가지 방면이 있다. 바울은 로마서 2:28-29에서 "대저 표면적 유대인이 유대인이 아니요 표면적 육신의 할례가 할례가 아니라 오직 이면적 유대인이 유대인이며…"라고 했다.

오늘 한국 개신교회는 그리스도주의로 나가지 않고 교회주의로 나가고 있다. 종교는 본질상 내면화 되어야 한다. 그것이 성숙해지는 일이다. 내실을 다지지 않은 종교의 외면적 성장 발전은 붕괴를 초래하고 만다.

어리석은 기독교인들이 돈벌이만 생각하고 허술하게 백화점을 짓고 재미 보다가 어느날 와르르 지하 3층까지 붕괴하여 5백여 명의 인명을 파묻혀 죽게 만든 전무후무한 삼풍백화점 사건. 한국 개신교 전체가 그런 모양이다.

외면화, 외부적 성장이 외식주의이다. 언제나 내면화 운동, 내실을 다져야 한다. 내실을 충실하게 다져가는 만큼만 외부적 성장 발전을 해야 한다.

예수님께서는 유대 바리새파의 외식주의에 대해 "잔과 대접의 겉은 깨끗이 하되 그 안에는 탐욕과 방탕으로 가득하게 하는도다 회칠한 무덤 같으니 겉으로는 아름답게 보이나 그 안에는 죽은 사람의 뼈와 모든 더러운 것이 가득하도다"라고 하셨다(마 23:25-27).

교회만이 아니라 개인적으로 교역자나 교인도 우선 자기의 내면생활에 충실해야 한다. 예수님께서 베다니 가정에 들리셨을 때 언니 마르다는 예수님 곁에 일 분도 머물러 있지 않고 밖으로만 돌아다녔다. 그러나 동생 마리아는 예수님 계신 방에 들어와 1초도 곁을 떠나지 않고 주님 말씀을 들으며 주님만 사랑했다. 예수님께서는 "마리아는 이 좋은 편을 택하였으니 빼앗기지 아니하리라"고 하셨다. 마르다는 외부적 활동의 모델이요, 마리아는 내면적 내실 탐구의 모델이다. 마리아의 태도가 종교인으로 바른 태도이다.

한국 개신교 지도자들은 분별없이 부지런히 외부적 교회성장에만 머리를 쓴다. 그렇게 하는 것이 하나님이 기뻐하시는 하나님의 일인 줄로만 생각하는 듯하다. 그러나 어떤 종교든지 교회든지 무제한 성장과 발전이란 있을 수 없다. 그러니 내면생활을 무시한 무모한 외부적 성장은 내면적 공허(空虛)를 가져오게 마련이요 종교적 위선 타락의 기회가 되고 만다. 이제는 한국 개신교회 부흥은 둔화된다. 개척교회는 없어진다. 큰 교회는 현상 유지하면 잘 하는 교회다. 기도원들도 유지하기가 어렵다.

한국 교회의 부흥이란 것은 물량적 비대화, 교파지상주의, 교회 팽창주의, 세속주의, 배금주의 등에 치중하고 있다. 과거 유럽의 기독교가 그렇게 외면적 발전에 주력하다가 지금 유럽의 기독교는 죽었다. 유럽 백인들은 교회에 나가지 않는다. 2백년 동안 건축했다는 빠리의 노틀담 성당은 교인들이 모이지 않고 관광지가 되어 버렸다.

우리는 너무나 외면적으로만 살고 있다. 이 표면만의 세계에 너무 사로잡혀 있는 고로 영혼이 하나님과의 친밀한 일치 속에 머물 수 없어 종교적으로 보다 깊은 생명, 종교의 참된 내면적 생명을 누리지 못하고 산다. 내면화, 내실화하지 못하면 성숙하지 못한다.

하나님의 나라는 우리의 내면에 있다

하나님의 나라는 안에, 참된 삶의 터전은 내면에만 있는데, 그 내적 영역을 돌보지 않고 지나친 외부적 행동주의에 기울어진 오늘 기독교가 빚어낸 공백. 20세기를 맞는 복잡한 현대 속에서도 기도와 영성생활을 착실히 하고 싶은 우리들의 걱정은 우리 정신의 내적 분열 및 일치와 통합의 결여를 절실히 실감하는 일이다.

요즘 한국 개신교 목회자들의 머리는 마치 바쁘게 날아다니는 똥파리나 자기 욕정에 날뛰면서 이 가지에서 저 가지로 잠시도 쉬지 않고 뛰어 다니는 원숭이 떼 같다. 헐떡헐떡 거리지만 속은 텅텅 비었다! 개신교 지도자들은 외부적 활동에 분주할 뿐 종교가로서 고요한 내적 관상(觀想)이 없다. 관상 생활은 하나님의 현존(現存) 안에 지금 바로 이 자리 유일한 이 순간을 깊이 파고 앉아 있는 생활이다.

위대한 업적을 이룩한 인물은 단일화(單一化), 한 가지 일만 하는 사람이다.

"나는 예수 한 분만 사랑하기 위해 태어난 목숨입니다"
(소화 데레사)

"내 주여 나의 전부여"(성 프란치스코)

우리의 기도와 관상은 간헐적인 행위가 아니라 전인적(全人的)이고 꾸준한 상태, 지속적이고 내면적으로 깊이 파고 드는 상태여야 한다. 한국 교회와 지도자들은 이제부터는 그동안 돌보지 않던 내면 세계, 내면적 생활로 방향 전환을 하도록 노력해야 한다.

성경에 "깊은 데로 가서 그물을 내려 고기를 잡으라"고 하셨다(눅 5:4). 외면적 활동보다 내면의 깊이, 심층(深層)을 탐색하도록 해야 한다. 현대인은 초연적(超然的)인 것보다 깊은 것, 심오(深奧)에 더 매력을 느낀다. 인간 존재의 궁극, 혹은 근원을 캐고 들어 가기 위해서 마음의 깊이를 파고 들어 거기에 숨어 계신 실재를 찾으려 한다.

독일의 신비주의자요 수도자인 에크하르트는 "인간의 내면의 깊이를 파고 들어간 그 깊이가 하나님의 깊이와 만나는 장소"라고 말했다. 어거스틴은 "내 영혼 밖에서 어디서도 하나님을 찾을 수 없기 때문에 영혼 안으로 돌아올 때, 거기서 이미 당신 영혼을 사랑하고 계시는 하나님을 발견" 한다고 했다.

마음은 영성 생활의 터전

예수님께서는 "하나님 나라는 너희 안에 있느니라"고 하셨다. 하나님은 멀리 계시지 않다. 나보다 더 가까이 계시다. 주님은 우리 영혼의 맨 밑바닥에서 우리를 기다리신다. 사람의 내면 깊이, 마음의 정점(心素)에 신을 향해 열려지는 창이 있다. 신을 향해 타오르는 불꽃이 있다.

마음은 영성생활의 내부 터전이다. 신은 우리 한가운데 계시다. 우리가 스스로 자성(自省)하면 자기 마음 속에 내려가게 된다. 신은 내 안에 지성소를 삼으시고 임재하신다. 내재의 신관(神觀), 내주(內住)하시는 신.

예수님께서 "너는 기도할 때에 네 골방에 들어가 문을 닫고 은밀한 중에 계신 네 아버지께 기도하라 은밀한 중에 보시는 네 아버지께서 갚으시리라"고 하셨다(마 6:6). 은밀한 중에 계신 아버지, 숨어 계신 하나님이신 하나님은 만물 안에, 특히 자기 자신 안에, 그것도 자신의 가장 은밀한 곳에 계시다.

우리 안에 가장 깊은 심층에 숨어 계신 하나님을 찾으려는 갈망, 우리 삶의 내면 가장 깊은 곳에서 솟는 갈망, 그것은 원천이 하나님 자신으로부터 오는 갈망이다. 어거스틴은 "나는 밖에서 하나님을 찾으려 헤매었으나 아무데도 없었다. 내게로 돌아와 보니 내 안에 이미 당신은 계셨습니다"고 했다.

바다의 표면은 언제나 물결이 거칠고 안정이 없다. 그러나 바다 깊은 밑바닥은 언제나 고요하고 평정하다. 표면적 유대인은 유대인이 아니다. 이면적 유대인이 참 유대인이다(롬

2:28-29). 표면적 교회는 언제나 불안하다. 세속에 노출되어 오염되고 부패하고 타락하고야 만다. 그러나 이면적, 내면적 교회는 지하수 흐름 같이 언제나 고요하고 맑다. 순수하다. 영성이 살고 생명의 맥락을 이어간다.

내면을 다지지 않은 성장의 말로…

내면이 채워지지 못하고 다져지지 못한 채 이루어지는 표면적 교회의 급속한 성장은 허수아비이다. 바벨탑이다. 곧 무너지고야 만다. 나는 크게 부흥한다는 한국 교회에 대해 예언할 수 있다. 내실을 다지지 않은 성장은 머지않아 무너질 것이다. 모든 종교인, 특히 한국의 기독교 지도자들은 표면적 종교에 대한 관심을 끊고, 교회의 외부적 성장에 대한 꿈과 노력을 중단하고, 내면적 종교, 기독교의 내면화와 내실화에 새 인식과 새 가치를 두자.

노자(老子)는 "일부러 문 밖에 나가지 않아도 천하의 일을 알 수 있으며 창문으로 엿보지 않아도 천도를 짐작할 수 있다"고 했다.

아빌라의 데레사는 "…하늘에까지 올라갈 필요가 없다. 주를 찾아가는 데 날개가 필요 없다. 다만 고독해져 자기 영혼 안에 주를 바라보기만 하면 된다…"고 했다.

사두 썬다싱은 히말라야 산맥 중 카일라쉬에 사는 마하리시를 두 번 만났다. 그 때 마하리시의 나이가 318세라 했다. 동굴 속에서 처음 그를 만났을 때는 머리털과 수염이 땅에 닿게 길어 몸이 보이지 않을 지경인데 눈은 너무 빛나고 날카로워서 남의 마음을 꿰뚫어 보는 듯했다. 그는 양피지 성경을 읽고 영안(靈眼)이 열리고 영계인(靈界人)하고 통했다. 그는 카일라쉬 동굴에 있으면서 영으로 세계를 심방하고 예수님이 천사를 거느리고 와서 주님 재림하실 때까지 세계를 위한 중보의 기도 사명을 주셨다.

예수께서는 "하나님 나라는 너희 안에 있느니라"(눅 17:21)고 하시면서 "너희는 먼저 그의 나라와 그의 의를 구하라"(마 6:33)고 하셨다. 어디서 그 나라를 찾는가? 그 나라는 내 안에 있다. 종교적 중심은 각 사람의 마음 안에 있다. 하나님 나라는 예수 그리스도, 하나님 나라는 자기 안에 있다.

마태복음 6:6에는 "너는 기도할 때에 네 골방에 들어가 문을 닫고 은밀한 중에 계신 네 아버지께 기도하라"고 하셨다. 은밀한 중에 계신 하나님은 숨어 계신 하나님이다. 내 영혼아, 너의 보화, 너의 희망의 대상, 사랑하는 이는 네 속에 숨어 계시다.

모든 기독교인들, 교회 지도자들은 이제 깨달아야 한다. 교회의 외부적 성장 발전에만 노력해온 우리의 태도를 오늘 중단하고 외적으로 고독화(孤獨化) 하고 소란한 세상, 광기 들린 시대 정신, 번뇌스런 모든 일거리, 지상적 일에 대한 걱정 등 모든 것에서 빠져 나와야 한다. 피조물에서 멀어져야 한다.

기도를 위해 단호히 모든 일을 중지하고 중단해야 한다. 고독한 생활에 물러가야 한다. 내 안에 숨어 계신 하나님을 찾고, 그와 친밀하게 접촉해야 한다.

우리 안에 숨어 계시는 하나님

　예수 그리스도는 내 영혼의 가장 깊은 구석(奧底)에 본질에 의해 현존(現存)에 의해 숨어 계시다. 신은 인간 영혼 깊은 속에 숨어 계신 고로 지혜 있는 관상자(觀想者)는 사랑을 다해 거기서 신을 찾아야 한다.
　우리 안에 숨어 계시는 하나님을 지극한 사랑으로 갈망하는 추구는 이 세상이나 자기에 대한 죽음과 평행한다. 사람은 자기와 밖에 대한 관심에 대해 죽으면 죽을수록 하나님을 발견하는 것이다.
　숨겨진 것을 발견하고자 하는 사람은 그것이 숨겨져 있는 깊은 곳까지 잠입해 들어가지 않으면 안된다. 그리고 그것을 발견했을 때에는 나 자신도 숨겨진 대상, 그것과 같이 숨겨져 버리는 것이다.
　그대가 그렇게 사모하고 사랑하는 하늘 신랑은 그대의 마음밭 속에 숨겨져 있는 보화이다. 밭에 감추인 보화다. 그것을 사기 위해서는 성경 마태복음 13:44의 지혜로운 장사꾼 같이 자기가 가진 모든 것을 팔아서 그것을 사야 한다. 그런 고로 그를 발견하기 위해서는 그대는 자기에게 속한 모든 것을 잊어 버리고, 모든 피조물에게서 멀리하고, 내심(內心)의 숨은 암자(庵子)에 숨지 않으면 안된다. 우리 안에 살아 계신 하나님을 참으로 찾기 위해서는 영혼의 깊은 심연(深淵) 지성소에 깊이 잠입하자.

"하나님 나라는 너희 안에 있다"(눅 17:21).

내면적 생활에 충실하려는 이는 외면적으로 고독해져야 한다. 기도를 위해 단호히 모든 일을 중지하고 고독 속에 물러가야 한다. 하나님과 이야기하며 그 곁에서 즐기기 위해서는 하늘에까지 올라갈 필요는 없다. 다만 고독해져서 자기 영혼 안에서 주님을 바라보기만 하면 된다. 신은 영혼의 가장 깊은 곳에 그 본질에 의해, 현존에 의해 숨어 살고 계신다. 그런 고로 그를 발견하려는 영혼은 애정과 의지로 모든 것에서 이탈하여 마치 모든 것은 존재하지 않은 듯이 여기고, 자기 안에 깊이 잠심하지 않으면 안된다.

"신은 영혼 안에 숨어 계시기 때문에 지혜로운 관상자는
사랑을 다해 그를 거기서 찾지 않으면 안된다."
(십자가의 요한)

"문을 등 뒤로 잠그고 의지(意志)로 일체 모든 사물을
닫으라. 그렇게 하고 은밀한 곳에 숨어 계시는 하나님
께 기도하라."(십자가의 요한)

기도 속에서 하나님을 발견하고자 하는 이는 자기 영혼의 모든 능력을 하나님께만 집중하기 위해 마음의 모든 생각과 우려를 물리치고 확고한 결의를 가지고 기도를 시작해야 한

다. 은밀한 곳에 계신 하나님은 우리 종교인들이 매일 예배 드리고 기도 생활을 반복한 대도 마음을 집중하지 않고 지상적 생각, 번뇌에 사로잡힌 채 교회당에 모이고 수실(修室)에, 기도실에 엎드려 있는다 해도 이 세상 생각, 사려(思慮)에서 빠져 나오지 못하면 숨어 계신 하나님의 그 은밀한 내적 은가(隱家)에까지 이를 수 없다.

예수님께서는 사마리아 여인에게 "하나님은 영이시니 예배자도 영이 되고 참이 되어야 한다"고 가르치셨다. 예수님께서는 예배, 기도할 장소보다 영이신 하나님 예배는 내적 정신이 더 중요함을 가르치셨다.

인생아 너는 나를 어디서 찾으려는가
나는 영산(靈山)에도, 성지(聖地)에도 있지 않노라
나는 요가 속에도 미사 속에도 있지 않노라

나는 네 걸음 속에 네 숨결 속에
아니, 네 마음 속에 깊은 深奧에
네 삶의 한 가운데 있노라

나의 안, 마음의 가장 깊은 지성소, 마음의 정점,
인생의 한 가운데, 거기 내려가서
당신을 찾고 당신을 사랑하고 소망하오리
나는 다시는 내 내면 깊은 심연 이외
밖에서 당신을 찾아 가지는 않을 것이다.

깔멜의 산길

십자가의 요한 성인은 영적 생활 전체를 요약해서 산(山)으로 표시해 도해(圖解)했다. 영적 생활의 절정인 완덕(完德)의 상태는 산 정상의 원형(圓形)으로 표시하고, 그 정상 원형을 향해 올라가는 길이 세 개가 있다고 상징했다. 세 개의 길 중에 두 개는 "불완전한 영(靈)"이 가는 길인데, 처음에는 가기 편리하나 가다가 산 중도에서 길이 끊어지고 더 높이 올라가는 것을 방해하는 편리도(便利道)였다. "불완전한 영"이란 것은 지상의 재물이나, 혹은 영적 은사나 선익(善益)을 자기 개인적 만족을 위해 정당하지 않은 사랑으로 애착하는 영이다.

세 개의 길 중에 가장 좁은 길 하나만이 목적지인 완덕의 정상에 이르는 길인데, 이것은 Nada(無)의 길, 즉 철저하게 자기를 버리는 길이요, "하나님의 영광만이 이 산정(山頂)에 산다. Nada(無)의 험한 길을 거쳐서만 유일의 보화인 하나님의 무한한 "모든 것"에 도달하여, 그 때 그 속에 자기를 소실시킨다. 완덕의 절정에 도달할 수 있는 유일한 길은 Nada의 험로(險路)다. 그것은 내면의 길이다. 완덕의 산, 내 영혼이 하나님과 일치하는 빛나는 그 정상은 외부에 있지 않고 내 내부에 있다. 우리는 주님을 발견하기 위해 Nada의 길, 즉 철저한 이탈의 길을 걸으며 숨어 계신 주님과 함께 우리도 숨지 않으면 안된다. 이 중단이 없이는 참된 내적 생활을 해 내지 못한다.

이 좋은 자리

마르다는 외향적이고 활동적이고 호사가(好事家)요, 밖의 일에 심려(心慮)가 많고, 언제나 무슨 일에나 바쁜 여성이었다. 그러나 마리아는 외부적 모든 염려, 활동적 생활을 포기하고 다만 예수님 발치에 앉아 주의 말씀에만 귀를 기울이고 주를 사랑했다(눅 10:38-42). 내부적 생활을 갈망하는 수도자는 "깊은 것"을 찾고 "영적 생활" "옳은 일"에 주린 사람들이다. 주의 곁에 있기를 사모하고 주의 친구가 되어 주의 사랑스런 현존 체험에 산다.

영성생활, 관상 생활의 깊이를 갈망하는 이는 외부적 세계의 영향이 자기 영혼 안에까지 침입해 들어와 자기의 영적 정진 생활에 방심과 해이의 씨를 만들게 하지 않고자 내면 생활의 입구 경계를 엄중히 해야 한다. 이목구비는 외계의 문턱이다. 인간의 오관의 욕정을 경계하지 못하면 하나님의 성전인 우리의 몸, 지성소인 마음이 예루살렘 성전 같이(마 21:12) 장사꾼들의 마당이 되고 만다.

오관의 감각 욕정, 모든 외부 관심을 끊고 하나님 안에만 집중하기 위해, 참된 내적 생활 추구를 위해 외부 세계 영향의 침입을 막아야 한다. 소란하고 분주한 세상 소음, 헛되고 헛된 인간 사회의 모든 것에 대해 보고 듣고 알려는 호기심을 끊으라. 무익한 호기심, 과도한 영향을 다시 준동하지 못하게 하라.

하나님으로부터 깊은 감화, 영감을 받으려는 사람은 이 세상, 외계의 모든 속박에서 자유로워야 한다. 그 방법은 내면

생활에 침투, 고독한 삶, 침묵, 철저한 자아 포기 정신을 실천하는 일이다. 외적 침묵만으로는 불충분하다. 내적 침묵, 즉 내적 감각의 침묵에까지 들어가야 한다.

유익 없는 기억, 상상, 추리 작용, 과거에의 추억, 공상, 망상, 무익한 예상까지도 침묵게 해야 한다. 아브라함이 하나님의 명에 의해 계속 버리고 떠나듯, 참으로 하나님의 부르심을 받은 사람은 고향, 사회, 가정 기타 모든 것을 버리고 나서야 한다. 더 나아가서는 너무 외부적이고 활동적인 세속적인 기독교인의 생활까지도 포기해야 하고, 이 세상에 대해서는 이방인처럼 살아야 한다.

세상과 물질을 죄악시하고 은둔하는 것을 나무라고 비판하나, 수도자는 이 세상을 끊고 속하지 않은 그만치 사실은 이 세상에서 가치 있는 존재다. 수도자는 모든 사람과 사회에 대해서는 이방인이 된다. 세상이 악하기 때문이라기보다, 하나님이 그들 영(靈)의 사람. 내적 생활에 보여 주실 영의 새로운 삶에 들어가기 위해서이다.

숨어 계시는 하나님과 함께 "숨어 있기" 위하여 외적 세계, 천박한 생활, 자기와 모든 것에서 빠져 나와 모든 것을 잊어버리고 숨겨진 것을 발견코자 하는 사람은 그것이 숨어 있는 가장 깊은 곳까지 들어가지 않으면 안된다. 그대 사랑은 그대 마음밭에 숨어 계신 보화다. 그것을 가지려면 모든 소유를 팔고 모든 것을 잊고 내심(內心) 암자에 숨어야 한다.

사막의 「안토니의 생애」에서 "그곳은 이 세상과는 전혀 다른 별천지 같았다. 그들은 세상의 것은 다 끊어 버리고 축복 받은 백성들이었다. 모두가 행운아들이었다. 그곳에 사는 수도 주민들 모두는 사랑과 정(情) 이외에는 아무 것도 생각지 않고 살아가는 축복받은 사람들이었다."고 했다.

우리 속에 숨어 계신 하나님을 사랑을 다해 추구하는 일은 세상과 자아에 대해 죽는 일과 평행한다. 자기에 대해 죽으면 죽을수록 하나님을 발견한다.

철저히 외면 생활과 활동을 중단하라. 철저히 내면 깊이를 파고 들라. 철저히 깊이 숨으라. 하나님과 함께 숨으라. 속세와는 전혀 다르게 살라. 세상에서는 이방인으로 살라. 의식주도 전혀 다르게 살라.

신앙 생활을 가장 단일화시키고 내면화시킨 사람들은 수도자들과 성인들이었다. 기원전 2세기 유대 엣세네파도 수도생활을 했다. 기독교로서는 주후 4세기경부터 신앙생활을 보다 단일화 내면화시켜 철저히 해 보려는 이들이 도시를 떠나 사막으로 들어가 세속을 버리고 순결생활을 하며 성경연구와 끊임없는 기도 속에서 하나님 현존 속에 일치 생활을 힘썼다.

소음과 혼란, 공해 오염 속에 사는 사람들에게는 고독과 침묵 속에 생활을 단일화 시키고 내적 수양과 평화를 누릴 수 있는 장소가 필요하다.

트라피스트 수도자들은 사막 대신 봉쇄(封鎖) 안에서 수도생활을 했다. 마을이나 도시에서 멀리 떨어진 곳에서 자기네 수도자들까지 왕래했다. 트라피스트 수도자들은 학교나 병원 선교회나 고아원, 자선 단체나 본당(本堂)에서도 일하지 않고 오직 기도와 성무일도, 단순한 삶 속에서 하나님께만 집중한 삶을 살았다.

수도자들의 마음 속에 진리가 살아 있고 영성이 살 때, 그 수도 공동체는 생명력과 영성이 넘치게 된다. 트라피스트 수도자들은 하나님 안에서 진리를 찾기 이전에 먼저 자기 자신의 내면을 파고 든다.

  수도자는 다른 교회나 기독교인을 돕기 위한다는 구실 밑에서 자기 직분과 의무에 어울리지 않는 일을 해서는 안된다. 그보다는 수도자로서의 의무와 내적 생활을 보다 더 충실히 하기 위해 자기의 성소인 고독과 침묵 속에 더욱 깊이 들어가야 한다. 하나님을 찾고 하나님과 일치해 살기 위해서 "내적 고독"이 필요하고, "내적 독방"을 자기 속에 만들지 않으면 안된다.

  은밀한 곳에 숨어 계시는 하나님을 찾자.

6.
사랑의 주(主)를 앙망하자

신자의 가장 중요한 의무—사랑

위대한 바울의 영적 체험의 절정은 고린도후서 5장 13-15절이었다. 신자와 예수 그리스도와의 관계는 희생적 사랑의 대응적 관계이다. 사랑으로 부르시니 사랑으로 대답하는 것이다.

종교개혁 이후 개신교회가 범한 한 가지 중요한 실수는 그리스도의 십자가를 통한 희생적 사랑과 그 사랑에 대해 우리가 무엇보다 주님을 대응적 사랑해야 한다는 사실이 빠졌다는 점이다. 개혁자 마틴 루터는 "믿음으로만"(sola fide)은 강력히 부르짖었으나, 인간이 하나님을 사랑해야 할 것에 대해서는 일언반구도 언급이 없었다. 믿음으로만! 믿음으로만! 계속 부르짖어오나 개신교 신학과 교리서에는 기독 신자 생활의 가장 중요한 하나님께 대한 사랑의 의무가 빠졌었다.

천주교 교리서에도 향주덕(向主德) 난에 " 하나님은 그 지선하심을 인하여 만유 위에 사랑한다"는 애매한 一句만 있을 뿐이고, 벌콥의 『신학 개론』에도 인간의 하나님에 대한 사랑의 언급이 없고, 하나님의 속성 중에 사랑이 있다는 설명은 있어도 인간이 하나님을 사랑해야 한다는 말은 없다.

웨스트민스터 신앙고백에도 믿음을 설명했으나 사랑에 대한 언급이 없다. 하나님의 속성을 절대적 속성(自存性, 不變性, 無限性, 單純性)과 보편적 속성(지식, 지혜, 선, 사랑, 聖, 義, 眞實, 주권)으로 나눈다. 무엇보다도 하나님의 본질은 사랑 자체이시다. 자석이 쇠붙이만을 끌어 당기듯, 사랑이신 하나님이신 고로 그가 인간에게 요구하는 것도 믿음이 아니다. 예배가 아니다. 사랑이다. 주님께서 우리에게 요구하시는 것은 믿음이 아니라 사랑이다.

베다니 가정에 예수님이 오셨는데, 언니 마르다는 밖으로만 드나들고 예수님을 갈망하지도 않고 사랑하지도 않았다. 일 분도 주님 곁에 있지 않았다. 그러나 동생 마리아는 예수님 발 앞에 정면으로 자리잡고 앉아 주님 얼굴만 쳐다보면서 일 초도 떠나지 않고 주님과 말씀을 갈망했다. 예수님께서는 마리아를 보고 "마리아는 이 좋은 편을 택하였으니 빼앗기지 아니하리라"고 하셨다. 성경 중에서 베다니 마리아의 태도는 오늘 우리가 예수 믿음 가장 아름다운 표준이다. 예수를 믿으려면 마르다처럼 믿지 말고, 마리아처럼 믿어야 한다.

누가복음 7:37-50을 보면, 예수님이 바리새인의 초청을 받아 갔을 때, 한 죄 있는 여자가 옥합에 향유를 담아 들고 예수님이 계신 방에 들어와 울면서 눈물로 주의 발을 적시고, 자기 머리털로 닦고 주의 발에 입 맞추고 나드 향유를 발에 부었다. 주인 바리새인이 마음으로 예수를 멸시하는 것을 아시고, 예수께서는 바리새인의 시비를 막으며 대답하시기를, "너는 내게 발 씻을 물도 안 주고 내 입에 입 맞추지도 않고 내 머리에 감람유도 붓지 않았지만, 이 여인은 눈물로 씻고 머리털로 닦고 발에 입 맞추고 향유를 내 발에 부었다. 이러므로 그녀의 많은 죄가 사하여졌도다. 이는 저의 사랑함이 많음이라 사람을 받은 일이 적은 자는 적게 사랑하느니라"고 하셨다.

하나님이 우리에게 요구하시는 것—사랑

하나님이 요구하시는 것은 신학이 아니다. 교리가 아니다. 믿음, 존경, 찬양이 아니다. 사랑이다. 마음에서 우러나오는 사랑이다. 누가복음 10:25-27에서는 "네 마음을 다하며 목숨을 다하며 힘을 다하며 뜻을 다하여 주 너의 하나님을 사랑하고 또한 네 이웃을 네 몸과 같이 사랑하라"라고 하셨다. 인간의 최대의 의무는 전심전령(全心全靈)으로 사랑하는 일뿐이다.

인간의 대신(對神) 관계는 사랑 하나뿐이다.

요한복음 21:15-17에, 부활하신 예수님께서는 디베랴 바닷가에 나타나셔서 시몬 베드로를 앉혀 놓고 "요한의 아들 시몬아 네가 이 사람들보다 나를 더 사랑하느냐?"고 물으셨다. 시몬 베드로는 "주여, 그러하외다. 내가 주를 사랑하는 줄 주께서 아시나이다"라고 대답했다. 예수님은 이렇게 세 번 거듭 사랑을 물으신 후에 "내 양을 먹이라" 하셨다. "네가 나를 사랑하느냐?"는 물으심은 오늘날도 우리에게 계속 내리시는 주님의 물으심이다. 지금 이 밤에도.

요한계시록 2:1-5을 보면, 소아시아의 일곱 교회 중 에베소교회에 대하여 그들의 신앙, 행위, 수고, 인내. 신앙 분변, 부지런함 등을 칭찬하시면서도 "그러나 너를 책망할 것이 있나니 너의 처음 사랑을 버렸느니라 그러므로 어디서 떨어진 것을 생각하고 회개하여 처음 행위를 가지라…회개치 아니하면…네 촛대를 그 자리에서 옮기리라" 하였다.

기독교인의 하나님 섬김에 있어서 사랑보다 더 큰 것은 없다. 정통주의도, 보수주의도, 복음주의도, 순교의 죽음도, 자선사업도 사랑보다 더 크지는 못하다.

교회사에 나타나는 여러 성인 성녀들에게 예수님은 "하나님은 사랑이시라"(Deus caritas est)라는 계시를 주시면서 계속 "내가 목 마르다"고 하셨다. 곤솔라따 수녀에게도 예수님께서는 계속 나타나셔서 "내가 목 마르다"고 하셨다. "사람들이 나를 믿노라지만 나를 사랑하지 않는다. 나는 사랑에 목마르다. 곤솔라따, 나를 사랑해줘! 네 마음에 사랑을 품으면 내가 천국을 창조할 것이다. 곤솔라따, 걱정하지 마. 내가 너를 지옥에 보내려고 만들었겠느냐? 내가 너를 악마의 패거리를 만들려고 만들었겠느냐? 곤솔라따, 얼굴을 찌푸리지 마. 미소 지어. 그리고 나를 사랑해 주어"라고 하셨다.

예수를 믿는다는 것 가지고 다 된 줄 짐작하고 안심하고 있어선 안된다. 하나님을 찾는다는 것, 구도 생활, 신학 연구에 일생을 보낸다고 보람 있는 것이 아니다. 교회에 다닌다는 것, 예배를 부지런히 보고 있다는 것만 가지고 안심하고 있어선 안된다. 한국 개신교인들은 이신득의, 믿음이면 다 된 줄 아는데, 그렇지 않다. 하나님을 사랑하기에 이르러야 한다. 대신(對神) 관계를 고쳐야 한다.

나는 신학생 때부터 정통 보수주의자였다. 평양신학교에서는 일본의 황도주의(皇道主義)에 항거해 싸우다가 감옥에 갇히고 신학교에서 퇴학 처분을 받았다. 해방 후 3,8선을 넘어 서울에 와서 어느 신학교에서 계속 공부하다가 이번에는 신신학, 고등비평, 문서설을 가르치는 교수들에게 대항해 총회에 진정하고 싸우다가 또 신학교에서 퇴학 처분을 당했다. 나는 초대 복음주의자 동맹(N.A.E) 중앙위원이었다. 지금도 나의 입장은 철저한 정통, 보수, 복음주의자이다. 그러나 그것으로 다 된 줄 생각하면 나는 예수 믿을 줄 모르는 자다. 예수와 관계 없다. 이제 와서 지금 내가 깨달은 것은 예수를 사랑해야 한다는 것이다.

골고다는 애인의 언덕

골고다는 신학이 아니다. 교리가 아니다. 골고다는 신의 가슴이다. 골고다 예수 그리스도의 십자가는 조물주 하나님의 천지창조 이후 최대의 사건이다. 활화산 폭발 같이 절정이 폭발한 사건이다. 골고다는 신애(神愛)의 폭발구이다.

골고다는 애인의 언덕이다. 십자가 상에서 흘리신 그리스도의 피는 하나님의 사랑의 폭발이다. 천지 창조 이후의 최대 사건, 지구만 아니고 대우주의 대 사건이다. 이렇게 요긴한 기독교 중심 사건이 개신교 신앙고백에 결여되어 있다는 사실은 놀라운 사실이다.

예수를 열렬히 갈망하고 사랑하는 길은 모르고 예수를 이용하려는 오늘 우리들의 신학적, 교리적 신앙을 반성해야 한다. 싸늘한 가슴으로 믿는 지식적 신앙, 형식적 신앙, 습관적 신앙, 교회인, 예배교인 생활을 회개해야 한다. 한국 교회가 타락하여 떨어진 기복 신앙, 이익 종교, 공리주의적 신앙을 지금 우리는 크게 회개하고 정리해야 한다.

기성 기독교에서 이탈한 어느 철학자는 "예수님의 의로운 피만 아니라, 다른 모든 의인이 흘린 피도 하나님의 영광을 드러내고 죄악을 정결케 하는 것이다. 의인이 흘린 피는 꽃피(花血) 즉, 꽃다운 피"라고 했다. 그러면서 자신의 입장은 예수 그리스도의 골고다에서 흘린 피에 대해 어느 정도나 믿는지 모르겠다고 고백했다.

바울은 삼연어(三連語)인 믿음, 소망 사랑을 향주덕(向主德)으로 거듭 강조하면서 "너희가 그 은혜를 인하여 믿음으로 말미암아 구원을 얻었나니 이것이 너희에게서 난 것이 아니요 하나님의 선물이라"고 했다(엡 2:8). 종교개혁자들도 "믿음으로만"을 강조했는데, 끝까지 "믿음으로만" 시종일관하면 안된다. 믿음은 둘러리일 뿐, 사랑으로 인도해야 한다.

고린도전서 13장 13절에 "믿음, 소망, 사랑 이 세 가지는 항상 있을 것인데 그 중에 제일은 사랑이라"고 했다. 기독교 진리 중심은 사랑이다. 기독교인 생활에서 사랑을 능가할 것은 아무 것도 없다. 사랑이면 전부다. 믿음이 제일이 아니다. "믿음으로만"이 아니다. 언제나 어떤 대인 관계에서나 "믿음"은 시작이요 출발이다. "사랑" 하게 되는 때가 절정이다. 아직 보지 못하고 만나지 못할 동안은 믿음이다. 밤낮 "믿습니다. 믿습니다"만 하고 돌아다니면 그 믿음도 결국 굳어져 버리고 만다. 믿음은 기독교의 출발이지 절정이 아니다.

사랑이 없는 믿음은 살인하는 믿음이다

사랑이 빠진 정통은 죽은 정통이다. 사랑을 모르는 믿음은 살인하는 신앙이다. 우찌무라간조(內村鑑三)는 "사랑 없는 믿음은 살인하는 믿음이다"고 했다. 종교개혁자들의 신학은 믿음의 신학이었다. 그후 지금까지의 신학은 소망의 신학이었다. 이제부터 앞으로의 신학은 사랑의 신학이 되어야 한다.

방언을 못해도 좋고, 예언 기도를 못해도 좋고, 신유의 은

사가 없어도 좋다. 입신 체험이 없어도 걱정할 것 없다.

"내가 사람의 방언과 천사의 말을 할지라도 사랑이 없으면 소리 나는 구리와 울리는 꽹과리가 되고 내가 예언하는 능이 있어 모든 비밀과 모든 지식을 알고 또 산을 옮길 만한 모든 믿음이 있을지라도 사랑이 없으면 내가 아무 것도 아니요…내게 있는 모든 것으로 구제하고 또 내 몸을 불사르게 내어 줄지라도 사랑이 없으면 내게 아무 유익이 없느니라."(고전 13:1-3)

사랑이면 전부이다. 내 가슴에 골고다 언덕에 섰던 예수 십자가의 희생적 사랑이 압도해 오고, 내 마음 속에도 대응적으로 예수를 불 같이 사랑하려는 갈망이 있으면 그것으로 만점이다. 소화 데레사는 "나는 예수 한 분을 사랑하기 위해서 태어난 목숨이다"라고 말했고, 임종하면서도 "하나님, 나는 당신을 사랑합니다"라고 말했다.

성 베르날드는 주님과 우리 사이의 산 인격적, 영적, 결혼적 일치를 이루는 사랑의 신비주의를 부르짖었다. 우리는 신부의 뜨거운 사랑으로 그리스도를 섬기고 그와 합체가 되어야 한다. 하나님과 가장 밀접한 생명적 교제를 가져야 한다.

어거스틴은 "내가 하나님을 사랑하기는 너무 늦었습니다"고 했다. 우리는 "믿습니다. 믿습니다" 하는 믿음에서 사랑에로 나아가야 한다. "사랑합니다. 사랑합니다"고 고백하며 주님을 열렬히 사랑하는 성도들이 되어야 한다. 이제는 믿음을 고백하노라 말고 열렬한 사랑을 고백해야 한다.

참 믿음은 우리를 사랑에게로 안내하는 둘러리이다. 믿음은 둘러리이고, 사랑은 신랑이다. 지금 이 글을 읽는 사람들은 모두 예수를 믿는 신자들이란 것을 나는 의심치 않는다. 그러나 예수를 사랑하는 신자, 그리스도 십자가 사랑을 바로 이해하고 감격하여 나 또한 주님을 열렬히 사랑하는 신자들은 그리 흔하지 않다고 생각한다. 바울은 교회 안에 예수를 믿노라면서 십자가 희생적 사랑의 감격은 모르고 예수를 이용하려고만 하는 얌체 교인들을 겨냥해서 "만일 누구든지 주를 사랑하지 아니하거든 저주를 받을지어다"고 했다(고전 16:22).

지금 이 시간, 여기에 주님이 나타나신다면, 여러분은 무엇이라고 고백하겠는가? 그 분이 분명히 예수님이신 줄 안다면, 그래도 "믿습니다. 믿습니다" 하겠는가? "오, 사랑의 주님, 사랑합니다. 사랑합니다"고 해야 하지 않겠는가? 부활하신 예수님을 처음 만났을 때에 막달라 마리아는 무엇이라고 했는가? "믿습니다"라고 했는가? 아니다. "랍오니여"라고 했다.

하와이에서 열린 국제 모임에서 어느 나라 대표가 나와서 "나는 예수를 갈망합니다"라고 한 마디 하고는 그냥 서서 울었다고 한다. 여러 말은 하지 않았어도 거기에 모인 모든 사람이 크게 감격했다.

예수님을 갈망하자. 예수님을 열망하자

예수를 갈망하자. 열망하자. 사랑하자. 예수님은 다른 무슨 고백보다 사랑을 요구하신다. 디베랴 바닷가에서 베드로 보고 "네가 나를 사랑하느냐"고 세 번 거듭 물으신 주님은 여러분을 향해서, 그리고 한국 교회를 향해서 다른 것을 요구하지 않고 다만 "네가 나를 사랑하느냐?"고 하신다. 이것이 내가 42년간 목사 생활을 하고 이제야 절실히 깨달은 점이다.

예수 믿는다는 것은 예배를 부지런히 잘 보는 일인 줄 알고 끔찍이도 예배 예배 하는데, 사실 하나님이 요구하시는 것은 사랑이다. 예수 십자가 사랑을 모르고 예수를 열렬히 사랑하지 않는 신앙은 천리교나 다름 없다. 가슴에 "일, 일…"이 꽉 차 있고, 신학이 꽉 차 있고, 예수는 빠져 버린 이들…. 베다니 마리아 같이 예수님을 갈망하자. 막달라 마리아 같이 예수님을 사랑하자. 소화 데레사 같이 예수님을 사랑하자.

주님이 우리에게 요구하시는 것은 주님을 사랑해 달라는 것이다. 믿음이 제일이 아니다. "믿음으로만"이 아니다. 사랑으로 역사하는 믿음이다.

"그리스도 예수 안에서는 할례나 무할례가 효력이 없되 사랑으로써 역사하는 믿음뿐이니라"(갈 5:6)

바울의 영적 체험의 절정은 고린도후서 5:13-15이었다.

"우리가 미쳤어도…그리스도의 사랑이 우리를 강권하시는도다."

6. 사랑의 주를 앙망하자 147

　이탈리아 아씨시의 성자 프란치스코는 스바시오 산 동굴에서 계속 기도하다가 어느날 바울의 고린도후서 5:13-15과 같은 체험을 겪었다. 그는 사랑의 조수가 압도해와서 미칠 것 같아서 아씨시 거리로 통곡하며 다녔다. 프란치스코는 그리스도에 대한 신앙고백이나 하고 그리스도 십자가 고난 묵상하며 고요히 눈물을 흘린 성인이 아니다. 그리스도를 생각하며 소리쳐 통곡하고 다닌 성인이었다. 프란치스코는 지금도 살아 있어 전세계인들의 마음 깊은 곳에 파고 든다. 현대에 와서는 프란치스코의 인기와 영향은 더욱 더해간다.
　66권 성경에 능통한다 해도 머리에 들어간 것은 지식이다. 신학적, 교리적 신앙으로 완벽한 줄 생각하지 말라. 그것은 아직 머리의 신앙, 지식적 신앙이다. 예수님의 요구는 신학과 교리로 예수를 믿으라는 것이 아니다. 기복 신앙, 이익 종교, 공리주의적 신앙을 버리라. 신학적 신앙, 교리적 신앙, 습관적 신앙으로 안심하지 말라. 머리의 종교, 지식적 신앙이 되지 말고, 심장의 신앙이 되어야 한다. 가슴이 불타 올라야 한다.

지금 이 순간에 십자가를 쳐다보라

　영혼의 창문을 열라. 십자가를 쳐다 보라! 그리스도 십자가는 2천년 전 먼 옛날 유대 나라 골고다에서 있었던 옛 사건이 아니다. 그리스도 십자가는 세계 만민을 위하여 대인속죄

하신 대속적 죽음이라는 막연한 교리가 아니다. 참 그리스도인의 신앙은 개인적 사건이요, 그리고 언제나 현재(現在)이다. 내 가슴에서 일어나는 일이다. 내 가슴이 십자가에서 피가 흘려 떨어져 오는 골고다이다.

지금이다! 이 순간이다! 골고다는 내 가슴에 있다. 내 가슴에 골고다. 지금 이 순간, 어쩔 수 없는 죄인인 나에게 개인적으로 영으로 내 가슴에 뚝뚝 떨어져 오는 뜨거운 예수님의 보혈이다. 골고다 십자가 보혈은 지금 내 가슴에 일어나는 사건이다. 보혈 충만! 오! 우리 가슴에 보혈 충만!

예수 그리스도는 인류의 영원한 연인이다. 골고다는 애인의 언덕이다. 그리스도의 십자가는 썩은 나무 토막이 아니다. 예수의 피는 2천년 전 골고다에서 말라붙은 얼룩 자국이 아니다. 예수님의 피는 식은 피가 아니다. 내 가슴을 타오르게 하는 뜨거운 피다. 오늘 지금 이 순간 내 가슴에 뜨겁게 떨어져 오는 피, 아니 콸콸 쏟아져 오는 십자가 보혈이 되어야 한다. 보혈 충만! 여러분들의 가슴에 고린도후서 5:13-15의 영적 체험이 있기를 바라는 바이다.

완덕에 이르는 길은 사랑

완덕에 이르는 길은 사랑이다. 성화도, 완덕도 사랑 안에서 된다. 염도(念禱)의 본질은 많이 생각하는 일이 아니라, 많이 사랑하는 데 있다. 예수를 믿는 것으로 끝나는 것이 아니다. 열렬히 불타는 가슴으로 사랑해야 한다.
　성 베르날드는 예수 사랑의 열도를 3단계로 말했다.

　① 불 붙은 나무 토막
　② 불타는 나무 토막
　③ 불 뿜는 나무 토막

　예수 사랑의 강권, 압도해오는 사랑에 대응해서, 나도 불타는 가슴으로 예수님을 사랑하는 생활 속에서 우리는 성화되어간다. 그것이 프란치스코 같은 성인이다.
　내가 밤마다 자정이면 기상하여 행하는 첫 일과는 운악산 산기슭에 세운 자연석 돌 십자가 밑에 서서 쳐다 보면서 주님의 피 흘리심을 생각하며 영가(靈歌)를 부르는 것이다.

　　　　얼마나 아프셨나 못 박힌 그 손과 발
　　　　죄 없이 십자가에 매달리신 예수님
　　　　하늘도 모든 땅도 초목들도 다 울고
　　　　해조차도 힘을 잃고 온누리 비치잖네
　　　　아아 끝없어라 주의 사랑 언제나
　　　　아아 영원토록 구원의 강물 흐르네
　　　　나의 죄 너희의 죄
　　　　우리의 모든 죄를 모두 다 사하시려
　　　　십자가에 달리신 주
　　　　얼굴과 손과 발에 흐르는 그 귀한 피
　　　　골고다 언덕 위에 피로 붉게 적셨네

한국 교회는 다른 모든 목적을 버려야 한다. 다른 예배, 다른 설교를 그만 두고 그리스도와 십자가가 중심이 되어야 한다. 그 보혈 사랑의 강권이 매주 매 설교에서 강조되어야 한다. 그밖에 기독교는 없다.

7.
내면적 기독교가 되게 하자

기독교 성업의 나라, 한국

　한국 기독교는 세계 기독교회들의 관심의 초점이 되었다. 한국 기독교회의 외부적 부흥을 보고 평하는 이들은 "한국은 종교의 성업(盛業)의 나라이다", "한국 교회의 부흥은 기적이다", "한국 교회는 일본이나 아시아 어디서나 찾아 볼 수 없는 독특한 교회요, 아시아에서는 특수한 책임을 지고 있는 교회다"고 한다.
　1991년 한국 교회의 통계로 교인 수 12,091,837 명, 교회 수는 35,869명, 교역자는 56,289명이었다.

한국 개신교의 부흥 성장의 표준은 얼마나 많은 신도수를 확보하느냐, 얼마나 많은 액수의 연보를 짜내느냐, 그리고 얼마나 웅장한 교회당 건물을 갖느냐에 달려 있다. 전세계에서 가장 큰 교회 50개 중 한국에 23개가 있고, 전 세계 10대 최고 교회 중 첫째도, 둘째도 한국에 있다.

그러나 한국교회 외면적 성장 부흥이 허점인 증거는 교인수 1천 2백만 명이라지만 실제 예배 출석자는 6백만 명 정도이고, 그 대부분은 중생도, 회개도, 성화도 모르는 단지 예배 교인일 뿐이다. 신학교가 무허가까지 270여 개, 군소 교파에서 매년 수천 명씩 신학생을 되는 대로 안수해 저질 목사를 대량 생산하고 있다. 장로교가 140파로 분열되고, 쏟아져 나오는 신학생은 갈 곳이 없어 교회를 개척하는데, 같은 빌딩에 교회 간판이 무려 7개가 붙어 있는 곳도 있다. 93년 10월 현재 한국에는 "대한예수교장로회 총회장"이라는 감투를 쓰고 있는 목사가 135명이나 있다. 한국 개신교의 부흥이라는 것은 고무풍선에 바람을 불어 넣은 것과 같은 부흥이다.

허장허세

부흥 성장한다는 한국 개신교회의 내면적 빈곤과 허점을 비판하는 사람들이 많이 있다. 가톨릭 서울 관구장을 맡았던 L신부는 설교하던 중 "5백년 전 천주교가 부패 타락했을 때 독일에서 마틴 루터가 일어나 종교개혁을 일으켰던 사실을 나는 인정합니다. 그러나 그같은 유감이 역사상 한 번 있으면 되었지, 한국 개신교 형제들은 오늘 왜 또 다시 그런 전철을 답습하고 있습니까"고 했다.

러시아 정교회의 K 신부는 "한국 개신교 목사들은 왜 그 모양이냐? 모스크바 등 러시아 여러 도시에 선교사들을 되는 대로 파송하고 자기네 개신교를 세우면서 왜 정교회를 욕하고 다니지 말라 하고, 돈 뿌리고 야비하게 노느냐"고 했다.

불교의 대학자요 월정사(月精寺) 주지인 향허(香虛)라는 스님이 "불교를 연구하려면 3백년 걸리고 기독교는 6개월이면 된다고 했다. 그렇게 얕은 기독교라는 것으로 평하는 말이다. 한국 불교계 조계종 혁신 투쟁을 성공적으로 이끈 청화 스님은 "한국 기독교는 외부적으로 교세를 크게 성장, 확산시키는 양적인 발전을 이루는 데 성공했으나, 이것이 걸맞은 내실의 면모는 갖추지 못하고 있는 것이 사실이다"고 했다. 껍데기만 비대해지고 속은 텅 비었다는 것이다.

오늘의 한국 프로테스탄트는 고등종교로서는 너무 엉터리이다. 언어도단(言語道斷)이다. 이런 날림 종교 가지고 천당 간다고, 그 주제에 타 종교에 대해서 독선 배타하는 것은 기막힌 일이다. 현재 한국 교회 부흥 성장이란 것은 모두 외부적 수량적인 성장 발전이다. 외부적 발전이라는 것은 "허장성세(虛長盛勢)"에 불과하다.

물량적 비대, 팽창주의, 패권주의, 거대화(巨大化), 배금주의(拜金主義), 세속주의, 모두 비계만 살찐 것이다. 비 기독교적인 것, 비 복음적인 것, 비 양심적인 것 꽉 차 있다. 그러면서도 독선 배타적이고, 자존대(自尊大) 하고 있다. 한국 교회의 양심은 솔직히 겸손하게 우리 교회들의 부끄러움과 수치를 자성(自省)하자.

개신교는 기독교가 아니라는 평을 하는 이가 있다. 아빌라의 테레사는 "루터의 이단"이란 평을 했다. 거지 성자 분도 라브르는 프로테스탄트 마을에는 들어 가지도 않았다. 신비주의 대가인 스웨덴보리는 지옥에서 루터를 만났다고 했다. 중국어 성경 번역자인 오경웅(吳經熊) 박사는 개신교는 운명적으로 분열하는 체질을 가지고 있다고 하면서 가톨릭으로 개종했다. 20세기의 3대 성자로 꼽히는 하천풍언(賀川豊諺)은 칼빈주의가 들어간 나라는 굳어져 발전이 없다고 했다.

일본의 예언자라고 하는 무교회주의자 우찌무라간조(內村鑑三)은 "우리는 교회의 참과 거짓을 판별해야 한다. 오늘날 소위 세상에서 교회라 하는 그런 류의 교회—그 가운데 교황, 추기경, 감독이 있고, 장로가 있고, 신학자가 있고, 교회 헌법이 있고 신앙 조문이 있고…하여 마치 어떤 정부나 정당 조직 비슷한 그런 단체…그래서 교회적 세력을 확장을 꾀하고 자기네 주장을 여론화시켜 그런 방법으로 민중을 구원한다는 그런 것을 소위 교회라 부르는데, 그런 것은 그리스도께서 세우신 교회가 아니다"고 했다.

한국 개신교가 종교 재판 행동까지 일삼는 횡포를 하고 있다. 순교자 주기철 목사를 면직시킨 장로교 평양노회, 정열의 부흥사 이용도 목사를 목사직에서 면직시킨 감리교, 성자 강순명 목사를 제명시킨 호남노회 등등…

교파지상주의

현대 개신교회의 종교 재판소 같은 남의 신앙을 간섭하고, 독선 배타하는 공산당 같이 세포 조직화한 교회 조직, 수량적 증가만 노리는 만 교회 운동, 국민 50% 신자화 운동, 총동원 주일, 교인 수 배가 운동, 교파의 분열과 난립, 신학교 난립, 군소 교파에서는 되는 대로 목사 안수해 목사를 세우는 저질 목사 대량 생산, 동양에서 제일, 세계에서 제일 큰 교회…. 이런 모든 것은 모두가 껍데기이다. 속은 텅텅 빈 외부적 허장성세(虛長盛勢), 세력 확장일 뿐이다.

나의 목회 경험 40년을 돌아 본다. 목회란 것은 교인들의 영성을 살리려는 것이 아니라 세속 교인들의 좁스러운 심부름이나 하고, 아부와 아첨을 하고, 연중행사나 치르기가 일쑤이고, 임직식과 안수식 등 무슨 회(會) 무슨 식(式)을 쫓아 다녀야 하고, 교회당 건축이 최대의 공로가 되며, 장로 권사를 세우면 큰 일이나 한 것으로 되는 것이었다. 내가 안수한 장로 한 사람도, 권사 한 사람도 원만한 인격자가 없었다. 외면적이고 허풍허세(虛風虛勢), 과시하는 기독교는 대 심판이 곧 시작 될 것이다.

　기독교 운동은 그냥 그렇게 하는 것이 아니다. 개인 개인도 철저히 회개시키고 분명한 중생, 현저한 성화가 되도록 애써야 기독교 운동이라 할 수 있다. 자기의 죄를 진정 회개하는 사람이 없어 중생, 회개, 성화가 무엇인지도 모르는 교인들의 수만 늘어 나면 무슨 소용이 있겠는가. 속이 텅텅 빈 쭉정이, 가라지,겨,싸라래기, 허수아비…이것이 오늘의 한국 교회들이 아닌가?

　한국 사람들의 국민성이 그러하듯이, 한국 기독교회는 너무나 지나치게 외형적인 것에만 지나치게 독주해왔다. 교인수, 연보 액수, 교회당의 크기, 외형적 확신, 큰 것, 많은 것에 대한 환상을 버리라. 껍데기만 살찌우는 거대화 운동, 양산주의(量産主義), 물량적(物量的) 비대, 팽창주의(膨脹主義), 배금주의(拜金主義)는 사탄적 유혹이며, 종교 타락의 말기적 증상이다. 수량에 따르는 유혹을 염두에 두지 말라. 세력, 통계표, 과시를 부끄럽게 생각해야 한다.

　한국 신학교의 종합대학 제도는 타락 교역자를 만든다. 신학과 학생이 아닌 다른 학생들이 술과 담배와 고사를 지내는데 신학과 학생들이 동화된다. 270여 개 신학교 난립과 저질 교역자를 되는 대로 무책임 대량 생산해 내는 데서 이단 사교가 나온다.

암흑의 시대

일본의 '옴 진리교'는 일본을 전복하여 점령하려고 지하철에 독가스를 뿌려 많은 사람들을 살상하고, 비행기로 독가스를 뿌리려고도 했다. 영생교(승리재단)는 과거 박태선의 후예들인데 그들은 신도들을 죽여 암매장 했다. 한국에서 대부분의 이단 사교는 저질 신학교 난립과 저질 교역자에게서 나온다. 저질 이단 사교는 개신교파에서 생긴 것이다.

지금은 기독교 사상 영광스러운 중흥의 시대가 아니다. 가장 암흑하고 부끄러운 시대다.

내면적 충실을 무시한 외부적 지나친 성장 활동은 생명을 말라 붙게 한다. 외면적 허세, 확산을 중지하고 외부로 향하는 문을 닫자. 내면적 종교가 되게 하자.

히브리 종교의 인류에 공헌은 성전 종교, 제도적 종교가 아니다. 직업적, 제사장들에게는 신의 영감이 도무지 내리지 않았다. 예언자들의 활동만이 영성을 살렸다. 그것은 순전히 내면적 활동이었다.

오늘의 개신교가 너무도 외형화하고 서양화 한 데 놀라움을 금치 못한다. 밖의 일에 관심을 두지 말고, 외부로 향하는 문을 열지 말고, 허풍허세를 부리는 종교가 되지 말고, 안으로 문을 열라.

모든 교역자, 모든 기독교인들은 이제 외부적 활동은 중지하고 내면을 파고 들어야 한다. 내면이 텅텅 비고 공허하다. 한국 개신교가 이제 살아 남을 길은 외면적 허세를 중지하고 내면화하는 데만 있다.

깊은 데로 가서 그물을 내려라

독일 도미니코 수도원의 수도사로서 신비가 엑하르트의 영향을 많이 받은 기독교 신비주의자 요한 타울러는 예수님께서 제자들에게 "깊은 데로 가서 그물을 내려 고기를 잡으라"(눅 5:1-6)는 말씀에서 "깊은 데"는 지력의 깊이가 아니요, "심정의 깊이"라고 설명하면서, "인간 심령 속에 신의 내재(內在)"를 강조했다. 기독교는 초월적 신관(神觀)만 가르치는 것이 아니라 내재의 신을 가르친다. 자기 내면의 깊이에 들어간 그 깊이가 신의 깊이와 만나는 곳이라 했다.

시편 42:7에 "깊은 바다가 서로 노호하고"는 "깊음이 깊음을 부른다"는 것이다. 이 성경 구절은 기독교 신비주의자이의 구호이다. 심연(深淵)은 심연을 부른다. 인간의 내면의 깊은 심연은 신의 심연과 서로 만나는 장소라는 뜻이다.

토마스 머튼은 "사람의 몸은 하나님의 성전(temple of God)이요, 사람의 마음에 하나님 임재의 지성소가 있다. 육신은 진정한 자아(眞我: true self)가 아니다. 내면 내적 자아(inner self), 깊은 자아가 진아이다"라고 했다.

인도의 시인 타골에게 큰 영향을 미쳤고 동방의 예수라 불리는 인도의 시인 까비르(Kabir)는 어느 힌두교 승려와 과부 사이에서 사생아로 태어나 길가에 버려진 아이였다. 그 아이를 이슬람 교도가 주워다 길렀는데, 그는 일생 베 짜는 작업하면서 시를 썼다. 그는 인간 내면의 깊이에 신이 임재한다고 시를 썼다.

벗이여,
어디 가서 나(神)을 찾느냐
보라. 나는 그대 옆에 있다.
나는 사원에도 모스크에도 없다
카바(神殿)에도 까일라쉬에도 나는 없다.
친구여,
신은 모든 생명의 한 가운데 있다.
벗이여, 살아 있는 동안 그를 찾으라
…
지금 그를 발견하라
지금 그와 하나가 되라
…
목마르게 찾는 영혼만이 그를 만난다.

종교의 외모

 일반적으로 평범한 종교 신도들은 종교의 외부적인 면, 성당의 찬란함과 웅장함, 예배와 미사의 장엄함, 종교적 전통, 신도수의 다수, 막대한 헌물과 헌금, 교회의 축제 등에 현혹되어 그것이 곧 종교 신앙인 양 짐작한다. 그러나 참 구도자, 신비주의자는 외부적인 것에는 일고의 가치도 두지 않고 내면적, 심층적인 것에서만 종교의 참 가치와 영성을 찾는다.
 대 신비주의자 스웨덴보리는 "시대가 흘러갈수록 더욱 더 인간들의 영성이 나빠져간다. 그 원인은 한 마디로 말하면 세상 사람들이 과학이라든가 학문이라든가 혹은 사회적 발달 등등 외면적인 일만에 관심을 가지고 내면의 일을 망각하기 때문이다"고 했다. 스웨덴보리가 영계에서 만난 고급 영인(靈人)들은 입을 모아 "시대가 흐름에 따라 사람들의 영성이 나빠져간다. 세상이 점점 악한 시대가 되어가므로 최상의 천국에 올 영은 시대에 따라 적어져 간다"고 했다.

과학 문명, 지식의 눈부신 진보 발전에 반비례하여 이 세상 사람들의 영성이 시들고, 영혼의 주락은 가속도로 빠르다. 20세기 과학문명인보다 18-19세기인들의 영성이 더 살았고, 대도시 시민보다 농촌인이 더 좋은 천국에 갈 것이다.

전체 기독교 운동이고 교회적 활동이고 개인적 신자의 신앙 생활에 있어서 외부적 확산은 허세에 지나지 않는다. 밤낮 무슨 운동, 주의 타령만하고, 기술, 방법, 테크닉으로만 하려고 한다.

인간이 지나치게 인간적으로 활동할 때에는 신은 잠잠하고 활동하지 않으신다. 밖으로 향하는 관심, 외면적 발전을 꿈꾸는 문을 닫으라. 정치적 관심, 교파에 대한 열심, 지상교회에 충성하는 교회주의. 이런 것이 종교의 핵심 생명 요소가 아니다.

종교 생활의 모든 관심과 노력을 개인화시키라. 내면화 시키고, 형식적인 것을 버리고 심층화시키라. 개인개인이 개인적으로 구원 얻는다. 나와 신은 나 자신의 내면 이외 다른 곳에서는 찾지 못한다. 어느 교파에서, 어느 교회에서, 어느 영산(靈山), 성당에서 찾아 내지 못한다. 내 내면 깊이에 파고 파고 들어가야 그 때 거기서 만나는 신이다.

성경은 문자가 아니다. 책이 아니다. 선전용의 책, 설교용

텍스트가 아니다. 문자의 언영(言靈), 내면의 책, 마음의 성경, 마음에 신의 영감이 울려오는 공명, 외부적 아멘이 아닌 심령의 내부적으로 공명이 되어야 하고, 아멘이 되어야 한다.

  3만 명이 모인다는 대 교회, 다채로운 예배 순서, 그 속에 신은 계시지 않았다. 심산유곡 동굴 속에 엎드려 거기서 다시 자기 내면의 깊이를 파고 든 은둔자, 혼자 엎드린 성자에게 신은 함께 하셨다.

> "대저 표면적 유대인이 유대인이 아니요 표면적 육신의 할례가 할례가 아니라 오직 이면적 유대인이 유대인이며 할례는 마음에 할지니 신령에 있고 의문에 있지 아니한 것이라"(롬 2:28-29)

  외면적인 겉껍데기, 허울만 좋은 예수쟁이, 외면 종교, 건물 종교, 예배 종교 등은 생명적인 참 기독교라 할 수 없다.

  어느 잡지사의 설문조사에서 직업인다운 직업인은 수녀, 신부, 중, 탤런트 등의 순위인데, 목사는 6위에 불과했다. 어떤 이들은 "목사○○"라고 욕설을 하기도 했다. 김영삼 대통령은 교역자 조찬 기도회에서 개신교 교역자는 회개하라고 책망했지만, 목사들은 장로인 대통령이 건방지다고 했다.

  현대 교회인들이 외면적인 일에만 관심 가지고 자기 내면에 관심 갖고 살지 않았기 때문에 그렇다. 교회 출석, 예배 교인, 교회 행사, 구역활동은 열심히 하면서도 기독교인으로서 자기의 개인적 중생 문제, 회개, 성화, 완덕, 인격 완성 등의 문제에 완전히 무관심하고 살아왔기 때문에 그렇게 되었다. 신생(新生)이 없는 신도들의 예배는 거짓 예배다. 성경책은 옆구리에만 끼고 다니는 기독교인들의 하나의 상징물이 아니다. 성경으로 내실을 다져 새 사람 생활을 해야 한다.

기독교를 내면화, 심층화하자

진정한 기독교 신앙은 교파 지상(至上), 교회화하지 말고 개인적 중생, 회개, 성화, 개인화, 내면화, 심층화되어야 한다. 현대 비난과 멸시만 받는 한국 개신교회의 허술한 구석구석을 착실하게 내실로 다져야 한다. 교역자, 기독교인들의 허전한 내면을 착실하게 채우자. 교역자나 일반 평신도들에게 있어서 중요한 것은 돈, 물질, 지위, 학벌, 명예, 학문 등 외면적인 모든 부분에 대한 집착을 떼어 버리는 일이다. 그리고 내면적 영계(靈界)의 실재를 알고, 진리에 대한 공순한 태도를 가지는 일이다.

모든 외면적, 형식적 종교 생활은 아무 효과도 없는 노릇이다. 이사야 선지자는 헛된 성회, 헛된 예배, 헛된 예물이라고 책망했다. 예수님께서는 유대교 바리새인, 서기관들의 종교적 외식주의를 공격의 초점으로 삼고 마태복음 23장에서 7번이나 "화 있을진저"라고 책망하셨다. 현대 교인들은 교회 출석하면 예수 믿는 일이고, 예배 부지런히 보면 천당 가는 줄 짐작하고 있다.

이현필은 제자들보고 "여기 누구 감히 '나는 믿는다' 해낼 사람이 있습니까? 믿으면 좋다기에 믿어보려고 하는 것뿐이지요" 했다.

기독교 신앙생활은 도통해서 조화를 부리려는 것도 아니요, 미래를 내다 보고 세상과 남을 관찰하려는 일이 아니요, 자기 자신의 내면을 계속 보는 일이다. 성경에서 형제의 눈의 티는 보면서 자신의 눈의 들보는 깨닫지 못하느냐는 말씀은 남을 보지 말고 밖을 보지 말고 자신의 내면을 보라는 말씀이다.

존 번연은 좁은 문을 통과하여 천성 가는 길에 들어서야 한다고 했다. "좁은 문은 회개다. 내면을 여는 문이다"고 했다.

이집트 사막에서 일생 수도하는 교부들은 서로 만나면 다른 말은 하지 않았다. 다만 "웁시다. 웁시다. 이후 지옥에 떨어져 원통해 울기 전에 이 세상에서 눈물을 다 짜냅시다"고 했다.

베다니 가정의 언니 마르다는 잠시도 쉬지 않는 활동적인 여성이었다. 그는 일 때문에 예수님 곁에 1분도 붙어 있지 못하고 불평하고 짜증을 내면서 다녔다. 그러나 동생 마리아는 모든 일을 마다 하고 예수님 곁을 떠나지 않았다. 예수님께서는 마리아 보고 "마리아는 이 좋은 편을 택하였으니 빼앗기지 아니하리라" 하셨다.

수도 단체 수도인들의 여러 가지 타입을 생각해 본다. J원장은 칼빈주의자요 정통주의자이면서 수도정진보다 정치에 더 관심 있는 애국자요, 활동과 교제에 능했다. 그는 이따금 나를 만나면 입버릇처럼 "나는 수도를 못하고 있습니다" 했다. O 장로는 노동 수도는 일절 하지 않고 성경 연구와 가르침에만 주력했다. J 대학 교수는 이현필의 감화를 받고 동광원에 호기심을 가지고 기회가 있을 때마다 찾아왔다. 그러나 그는 수도 생활을 하는 것도 아니다. K 여사는 2백 명이나 되는 정신병 환자 봉사에 일생을 희생하다가 세상을 떠났다. 국가의 훈장도 타고 인격적으로도 높은 분이었다. K 장로는 보리쌀 미숫가루 마대 한 자루 메고는 오감산에 입산해서는 기도와 명상 수도에만 전념했다. K 수녀는 가정을 버리고 결핵 중환자 요양소에 헌신하여 봉사하다가 세상을 떠났다. 나는 내가 잘 아는 존경스러운 이 여러분 중에 베다니 마리아 같이 "가장 좋은 편"을 선택한 지혜로운 분은 K 장로와 K 수녀였다고 생각한다. 그분들은 정치, 경제, 재산, 가정, 기성교회 등 일체를 버리고 자신의 내면적 생활, 수도에만 전념 몰두한 분들이었다.

  종교적 진리 탐구자는 마르다처럼 밖의 일에 분주하면 안 된다. 그렇게 하면 실패한다. 내면을 깊이 파고 들어가야 한다. 에크하르트 등 독일 신비주의 수도자들은 인간의 내면 마음 깊이에 심소(心素)가 있고, 그 정점에 신적 불티가 있어, 이것으로 신과 사귀고 신을 체험한다고 했다. 자기 내면의 깊이를 파고 들어간 그 깊은 곳이 바로 신의 깊이와 만나는 곳이라고 말했다.

    "너희 몸은 너희가 하나님께로부터 받은 바 너희 가운데
    계신 성령의 전인 줄을 알지 못하느냐"(고전 6:19)

    "사람 안에 심령을 지으신 자 "(슥 12:1)

    "하나님 나라는 너희 안에 있다"(눅 17:21)

"내 안에서 말씀하시는 증거를 구함"(고후 13:3)
"너희 안에 계신 그리스도니"(골 1:27)

관상 생활

신비가 성자인 썬다싱은 언제나 "기도하러 조용한 곳에 찾아 들어가라. 그 때 거기서 신이 말씀하시는 음성을 들을 것이다"고 했다. 내면적 관상(觀想) 생활, 신의 현존, 임재를 체험하는 관상 기도를 힘쓰라고 했다.

하나님께서 그 가장 사랑하는 종을 부르신 곳은 산, 사막, 동굴, 밀실이다. 은밀한 곳에서의 내면적 부르심이었다.

모세가 하나님을 만나러 시내 산에 오를 때는 백성들은 3일간 옷을 빨고 여인을 가까이 하지 말아야 했다. 몸을 성결케 하고, 예배하게 하고, 시내 산에 지경을 확정하여 넘지 못하게 하고, 시내 산에는 아침에 우레와 번개와 빽빽한 구름이 산 위를 덮고, 나팔소리가 심히 크게 울려 나는 가운데 산에는 연기가 자욱하기를 옹기점 연기 같이 떠오르고 산이 진동했다. 엄숙하고 신비스럽고 떨리는 분위기였다(출 19:3-25).

불의 예언자 엘리야가 하나님을 만날 때는 유대 남쪽 변경 브엘세바에서 40주야를 사막을 걸어 횡단하여 호렙산 굴에 이르렀다. 거기서 크고 강한 바람이 지나갔으나 하나님을 그 속에 계시지 않았다. 지진이 진동하고, 산을 태우는 큰 불이 지나간 후 세미한 소리가 들려오면서 엘리야를 부르는 하나님의 음성이 들렸다. 그때 엘리야는 동굴 어귀에 서서 겉옷으로 얼굴을 덮고 신의 음성을 들었다(왕상 19:4-14). 강풍 같은 영의 역사, 지진, 큰 불 같은 놀랍고 떨리는 영적 체험보다 세미한 소리를 찾아 그 영음(靈音)을 들어야 바른 은사를 받는다.

남왕국 최대의 예언자요 눈물의 선지자라고 불리는 예레미야는 유대 예루살렘 성 서북문 밖에 있는 동굴(골고다 예레미야의 굴) 속에서 매일 기도하고 명상하며 신의 영감에 도취해서 살았다. 신의 영감이 강하게 내리면 그는 굴속에서 뛰어 나와 미친 사람처럼 예루살렘 성내에 뛰어 들어가 성전 기둥에 기대 서서 눈물을 흘리며 "너희 이 성전으로 예배하러 들어가는 자들아…"라고 부르짖으며 예언했다.

바울은 다메섹 도상에서 회개한 직후 예루살렘에 있는 베드로와 사도들이 있는 데로 찾아가지 않고 아라비아 사막으로 들어갔다. 사도로서의 바울의 신비주의와 영성은 그 사막에서 얻은 것이다.

> "…내가 곧 혈육과 의논하지 아니하고 또 나보다 먼저 사도 된 자들을 만나려고 예루살렘으로 가지 아니하고 오직 아라비아로 갔다가 다시 다메섹으로 돌아갔노라"
> (갈 1:16-17)

나무도 열매를 맺지 않는 가지는 계속 잘라 주어야 뿌리의 양분 흡수와 열매 맺는 데 효과를 거둔다. 모든 교역자와 교회 활동은 외부적 지나친 확산 활동을 자제하고 축소해야 한다. 내부를 충실되게 해야 한다. 하나님께서는 그 종들의 무모한 지나친 외부적 관심이나 활동은 제지시키신다.

내면 생활을 가장 깊이 탐구하여 영성생활의 절정에 들어간 성도들의 예를 들자면, 이집트 사막에 들어가 일생 수도한 사막의 교부들과 카파도키아 절벽에 동굴을 파고 일생 엎드려 내면과 심층 생활을 탐구하던 동굴수도자들을 들 수 있다. 그것은 영성의 절정이었다. 옛 성도들 중에 열심 있는 이들은 세상을 버리고 가정도 버리고 독신 생활을 지키며 스스로 은둔자가 되고자 "아세떼(금욕자, 수덕자)"가 되기를 갈망했다.

이탈리아 가톨릭 액션 협회 회장이요 교수인 까를로 까레또 신부는 교회일에 밤낮 분주하면서 자기 가슴에 "일, 일, 일"만 꽉 차고 예수가 빠져 버렸다. 기도해도 길게 못하고 짧게만 했다. 그래서 큰일났다고 생각하는데, 주님의 음성이 들렸다. 주님은 "너는 나와 함께 사막으로 가자. 나는 너의 활동을 원치 않는다. 너의 기도, 사랑을 원한다"고 하셨다.

성녀 소화 데레사는 "나는 하나님 동산의 큰꽃이 아니다. 작은 꽃이다. 나는 큰 일을 못한다. 작은 일밖에 못한다", "나는 이 세상에 예수 한 분만 사랑하기 위해 태어난 목숨이다"라고 말했다. 그녀는 임종하면서도 "하나님…나는…당신을 사랑합니다"고 했다.

이집트에 있는 성 안토니 수도원(1,700년의 역사)은 높이 10미터 정도의 높은 성벽으로 둘러싸여 있다., 원래는 드나드는 출입문이 없었고 성벽 위에서 바구니로 사람을 실어 내렸다고 한다. 외부 출입을 차단하고 철저히 봉쇄 안에 내면화하려고 했다. 사막은 영혼의 안식처이다. 밖의 세상을 완전히 등지고 버리고 사막 속에 들어가서도 출입문도 없는 수도원

성벽 속에 봉쇄된 채 자기 내면 생활에만 몰두하는 것이 수도자들이었다.

수도 단체 중에서도 가장 엄격한 트라피스트 수도자들은 마르다의 바쁘고 활동적인 생활을 포기하고 마리아같이 예수의 발치에 앉아 말씀에만 귀를 기울이는 생활을 수도 생활로 선택했다. 봉쇄 구역을 설정하고, 바깥 세상과의 접촉을 분리시키고, 바깥 사람들과의 대화나 접촉도 엄격히 제한하여 바깥 세상 일이 수도자 생활을 방해하지 못하게 한다. 침묵과 고독, 기도와 묵상, 말씀의 연구, 내적 자유, 겸손, 영적 독서, 성무일도, 단순 노동, 끊임없는 회개, 단식, 독방 거처, 노동으로 하루의 일과가 균형있게 짜여 있다. 오락시간, TV 라디오도 금지되고, 신문도 뉴스만 읽을 수 있도록 가위질했다. 많은 양의 소음은 인간의 신경의 균형을 파괴하고 환자로 만들 뿐이므로 절대 침묵을 지키고 꼭 필요한 일도 말보다 동작으로 표시하고, 교회 예배도 침묵이 존중되고, 수도자가 꼭 알아야 할 세상의 뉴스가 있다면 그것은 하나님과 수도원 장상을 통하여 전달된다. 외출 금지, 타인과 세상에 대해 이방인이 되며, 수도원 이외의 일절 다른 일에 관여도 하지 않고 봉사도 하지 않는다.

종교인은 영성을 살려야 한다. 내면적 생활의 충실에 주력해야 산다.

초목들의 생명은 신진대사를 하면서 자라난다. 개천이나 우물 속의 장구벌레의 애벌레는 옛 껍데기를 벗고 날개가 나서 날아다닌다. 종교도 생명이 성장하려면 쉬지 않고 계속 신진대사를 하고 탈피(脫皮), 탈바꿈해야 한다.

내면으로 파고 드는 일이 귀하다

예수님께서는 외식적인 바리새인들에게 대해 말씀하시기를, "하나님의 나라는 볼 수 있게 임하는 것이 아니요 또 여기 있다 저기 있다고도 못하리니 하나님의 나라는 너희 안에 있느니라"고 하셨다(눅 17:20-21). "너희 안에" ἐντος ὑμῶν; "안(ἐν)"을 헬라어 ἐν(in)을 쓰지 않고 ἐντος(within, among)을 사용했다.

외식주의자, 형식주의자, 외형주의자, 그들 마음 속에는 하나님 나라가 없기 때문이다. 예수님께서는 천국은 누룩과 같이 보이지 않는 내면에서 퍼진다고 하셨다.

하나님 나라는 인간의 마음 안에 있고 하나님이 사람의 마음을 지배하시는 곳에만 하나님의 나라가 있다. 하나님 나라 오는 데는 인간의 마음 안, 내면이요, 외적인 현상이나 초자연적인 사건들 속에서가 아니라, 그들 자신 속에서 하나님의 나라를 찾으라는 것이다. 자기 내면에 신이 지배하는 하나님 나라가 이루지 못한 자는 영계도 천국도 소유할 수 없다.

노자는 "일부러 문 밖에 나가지 않아도 천하의 일을 알 수 있으며, 창문으로 엿보지 않아도 천도(천체의 운행)를 짐작할 수 있다. 도리어 멀리 나갈수록 아는 것은 더욱 적어지게 마련이다. 그러기 때문에 성인은 가지 않고도 알며, 보지 않고도 차별을 이해하며, 하지 않아도 이룬다"고 했다.

속담에 접시와 여자는 밖으로 돌리면 못 쓰게 된다지만, 종교인도 참 종교 진리의 구도자는 밖에 관심을 두고, 밖으로만 돌아다녀 보아야 영적으로 얻어지는 소득이란 없다. 기도도 수도도 없이 독일 유학 간다, 미국 유학 간다고 할수록 도리어 영성은 죽고, 참 아는 것은 적어진다. 사막의 아르쎈 교부가 한 젊은이가 좋은 교훈을 들려 달라고 청하니까 소리 지르면서 "다니지 말고 조용히 네 기도실에 들어가 묵묵히 앉아 있어! 기도실이 너를 가르쳐 줄 테니까"고 했다.

내면을 파고 드는 일만이 귀하다

한 청년이 쉬바이쳐 박사에게 교훈 한 마디를 요청하니까, 쉬바이쳐 박사는 "자네, 우물을 파겠으면 한 우물만 파게나. 그리고 물이 나오도록 파게"라고 했다. 지하수는 땅 밑 깊은 곳을 파고 들어가야 흐른다.

외부, 외형적으로만 뻗어가는 종교인은 반드시 꺾일 것이다. 밖으로만 뻗어 나가는 자는 말라 죽는다. 지하수를 파고 들어가는 듯이 내면 심층으로 파고 들어가야만 산다.

참 구도자가 찾는 것은 기독교가 아니다. 교파가 아니다. 교회가 아니다. 신학 연구, 학위, 출세 성공보다 기도 또 기도, 명상 또 명상하는 것이다. 한 사람 한 사람 기독교인으로 탐욕, 속정 끊고, 돈 물질, 지위, 학벌, 명예, 지식 등 외형적인 집착을 버리고 자기의 내면의 깊이를 파고 들어가야 한다. 내면적, 심령적으로 충실한 기독교인으로 중생이 확실하고, 회개가 계속 철저하고, 성화가 마음과 얼굴에까지 현저하기까지

해야 한다.

한국 불교계 거물인 이성철 스님은 남루한 승복을 입고 십 년간 눕지 않고 장좌불와, 무언수행하며 사람을 만나지 않으려고 수도하는 암자에 철조망을 치고 나가지 않았다. 세속에 얼굴을 안 비춰 자기를 꼭 만나고자 하는 사람은 법당에 가서 3천배 하고 와야 만나준다고 했다. 대통령도 만나자고 했는데 안 만났다. 그의 종정(宗正) 추대식에도 나가지 않았다. 그러면서 그는 꾸준히 수행하고 공부하여 5개국에 능통했고, 물리학, 심리학, 심령학에도 조예가 깊었다. 그의 다비(茶毘) 때 해인사 골짜기에 30만 명이 모여 울었다. 기독교 지도자 중에서 이 같은 사람이 나왔으면 좋겠다.

오늘 한국 교회와 지도자들은 이제 외부적 활동, 외면 확신의 고질병 증세를 중단하고 이제부터는 내면을 파기 시작하다. 내실을 차근차근 다지기 시작하자. 10년이고 20년이고 묵묵히 한 마디도 없이 허식과 허세를 청산하고 착실히 내면화, 심층화하자. 외면 확산은 영성을 살리지 못한다. 내면 깊이 파고 든 심층에 영성이 살아 있다.

도공(陶工)이 진흙을 이겨 만든 각종 제품은 도자기 굽는 가마 속에 들여다 놓고 계속 불을 때고 나오면 위대한 예술품이 된다. 성인들의 기도 동굴은 도자기 가마이다. 성 안토니의 계속적 내면 추구, 성 프란치스코나 베네딕또나, 이냐시오 로욜라가 기도하던 동굴은 도자기 굽는 가마와 비슷하다. 동굴로 들어갈때의 그들과 나올 때의 그들은 전혀 딴 사람이었다.

현실 개신교회는 부패 타락한 교회요, 교역자들은 타락한 사람들이다. 이런 국민들로 세계화가 되겠는가? GNP가 올라

가고 경제가 세계에서 12위가 된다고 세계화 실력을 갖춘 것인가?

이제 젊은 교역자들에게 부탁하고 싶은 말은 닭처럼 천박하게 지면을 긁고 싸돌아 다니지 말고, 허영심을 버리고 출세 성공욕도 버리고, 모든 탐욕, 애욕, 속정을 끊으라. 신학, 학위에 대한 탐욕은 그대들을 더욱 간교한 사람, 허영에 들뜬 사람을 만든다.

종교는 내면의 세계에 관한 것이다

예수님께서 유대 바리새인의 형식적 종교, 외식주의에 대해 마태복음 23장에 그들 외면 종교의 위선을 비판하시며 화(禍) 있을 것이라고 7번이나 선언하셨다. 그렇다면 한국교회를 보고는 7백 번은 더 화 있을 것이라고 선언하실 것이다.

"소경 된 바리새인아 너는 먼저 안을 깨끗이 하라 그리하면 겉도 깨끗하리라"(마 23:26)

종교적 외면을 거짓으로 꾸미는 일은 예수 그리스도께서 가장 미워하신 일이었다. 그것이 형식주의, 외식주의, 전통주의, 외면주의다. 이것이 종교 타락의 증거이다. 그래서 화 있다고 거듭 말씀하셨다.

모든 종교나 오늘 기독교 타락의 원인이요, 교회의 타락과 위선은 천국문을 닫는 일, 자기 파로 교인들의 유인하고 배나 지옥의 자식을 만들어 끌고 가는 일이다.

외면이 바리새주의화한 외면종교는 형식, 제도, 전통 등을 그들의 신앙의 가장 중요한 요소로 강조한다. 종교는 마음 안의 세계다. 내면적 종교가 되어야 한다. 그리스도인들이 갈 길은 근본 내심을 깨끗하게 하는 일이다. 내심(內心)이 깨끗하면 외면을 장식할 필요가 없다.

나의 기독교 입신(入信) 70년, 현지 목회 42년을 통하여 가장 깊은 기독교적 생활은 내면적, 심층적 생활을 발견한 것은 수도생활이었다. 나에게 수도생활이야말로 밭에 감추인 보화요, 깊은 기독교 생활이었다. 수도생활의 특징은 노동, 고독, 침묵 속에서의 내면적 관상(觀想) 생활이다. 관상은 최고의 종교 생활이다.

무조건 교회에 출석을 부지런히 하고, 예배 반복하기만 하면 하나님께서 기뻐하시는 것이 아니다. 단순한 교회 출석, 예배 반복으로만 안심하지 말라. 바리새적 외식종교, 외면적 형식적 예배 반복은 헛된 예배라고 이사야나 예언들을 통해 신랄히 공격을 받았다.

"하나님은 영이시니 예배자도 영"이 되고, 하나님과 동질이 되어야 비로소 참 예배다. 영이 살아서 영을 진동시키며 신을 찬양해야 한다. 하나님에게 드리는 예배에 인위적이고 야비한 기술, 수단, 인간적 방법을 채용하는 일은 경솔하고 하나님의 멸시를 받는다. 목회, 교인들에게 의무만을 강조하고 경영학이라든지 성장학을 배워 쓰는 그 따위는 하나님께 멸시 받는다.

외국에 유학 가서 배워 오는 유행신학, 호기심 신학, 정치신학, 민중신학, 해방신학 등에 팔랑개비와 같이 변덕 변덕 부리지 말고 내면을 파라. 영성을 파라. 심령의 깊이를 파라. 심층(深層)을 파라.

교회사에 있어서 초대 3백년간 로마 지하 카타콤에 은거(隱居)하던 지하 교회 시절이 가장 내면적 교회가 가장 순수했다. 이집트 사막에 은둔한 교부들의 고독, 침묵, 참회 시절이 가장 순수하고 영성이 산 깊은 기독교 시절이었다.

외면을 향한 관심을 차단하자. 내면 생활에 열중하자. 골방에 들어가 문을 닫고 은밀한 중에 계신 천부께 기도하는 생활을 하자.

8.
완덕을 이루자

"…오직 말과 행실과 사랑과 믿음과 정절에 대하여 믿는 자의 본이 되어 이 모든 일에 전심전력하여 너의 진보를 모든 사람에게 나타나게 하라 네가 네 자신과 가르침을 삼가 이 일을 계속하라 이것을 행함으로 네 자신과 네게 듣는 자를 구원하리라"(딤전 4:13-16)

참 그리스도인이 되려면 교회에 나가기만 하면 되는 것이 아니고, 교리를 고백하고 예배를 부지런히 보면 다 되는 것이 아니다. 그의 말과 행실의 모본에 있어서나, 남과 신자들을 진심으로 사랑하는 사랑에 있어서, 또는 하나님을 절대 신뢰하는 신앙적 태도에 있어나, 또 남녀 이성간의 성 도덕이나 금전거래 문제의 순결 결백에 있어서—말, 행동, 사랑, 믿음,

정절의 다섯 가지에 있어서 모든 사람, 모든 신자의 모범이 되지 않으면 안된다.

그리스도의 정신, 얼의 실행, 훈련이 현저하여 그의 영적 진보를 자타가 모두 인정해야 한다. 단지 종교를 말하고 듣는 것만으로는 사람을 구원하지 못한다. 말보다 먼저 자기가 인격 변화와 성화를 이루고 자기 신앙과 인격 구원을 가지고 남을 구원하는 전도자의 사명을 시작하지 않으면 안된다. 한 사람 한 사람과 인격적 접촉을 통해 전도해야 한다. 그리스도인으로서의 인격 감화가 있어야 한다.

믿음으로 의롭다 함을 얻는 은혜로, 하나님의 선물로 구원이 다 된 것이 아니다. 믿음으로 의롭다 함을 얻는 것은 구원의 출발이요 기본 구원이다. 그것으로 구원의 완성이 아니다.

하나님의 구원의 섭리와 계획은 어물어물하지 않는다. 끝까지 철저하시고 완전하시다.

> "하나님이 미리 아신 자들로 또한 그 아들의 형상을 본받게 하기 위하여 미리 정하셨으니 이는 그로 많은 형제 중에서 맏아들이 되게 하려 하심이니라 또 미리 정하신 그들을 또한 부르시고 부르신 그들을 또한 의롭다 하시고 의롭다 하신 그들을 또한 영화롭게 하셨느니라"
> (롬 8:29-30)

인간의 구원은 실로 하나님만의 계획과 역사 속에서 예지, 예정에 의한 것이요, 우리의 노력이나 공적에 의한 것은 아니다. 그리고 하나님의 구원 계획은 구원 얻을 자를 성자 예수 그리스도의 형상을 본받게 하시려고 예정하시고 그대로 실현

하신다. 이 세상에서는 예수처럼 걷고 사는 자가 되게 하고 오는 세상에서는 그리스도와 같이 영광 속으로 들게 하신다.

구원의 단계

① 믿음으로 의롭다 함을 얻는 단계:
　　　　　칭의(稱義), 의화(義化, Justification)
② 그리스도를 사랑하고 본받아 성화되어가는 구원:
　　　　　聖化(Sanctification)
③ 오는 세상에서 그리스도와 함께 영광을 얻는 구원:
　　　　　영광화(Glorification)

　성화 완성을 이루어 예수 그리스도와 같이 되는 것이 구원의 완성이다. 그것은 하나님이 성령을 통해서 우리 안에 하시는 은혜로운 사역이시지만 우리가 순종하고 적극 힘쓰는 만큼 성화는 현저하게 가속도로 빨리 된다. 우리 속에 영적인 원(願)을 일으키시고 원행(願行)하게 하시는 것도 은혜이다. 이신득의(以信得義)만 구실로 삼고 되는 대로 살면 도덕폐기주의가 된다.
　예수님께서 마태복음 5:48에 "하늘에 계신 너희 아버지의 온전하심과 같이 너희도 모든 행실에 온전하라"고 하셨다. 또 제자들에게 "너희 의가 서기관과 바리새인보다 더 낫지 못하면 결단코 천국에 들어갈 수 없다"고 하셨다. 적어도 기독교인이라 하면 그 인격이 불교도나 불자(佛子)들보다 더 나아야 하고, 천주교인보다도 나아야 한다.

인간은 자연인(自然人), 본능인(本能人)으로 동물적인 삶을 살려고 태어난 것이 아니다. 인격을 세우려고, 인격아(人格我)를 이루려고 태어난 것이다. 인격이 진아(眞我), 아트만이다. 내아(inner self), 심아(innermost self)이다. 인간에게는 인격밖에 남는 것은 없다. 인격밖에 귀한 것은 없다. 불교 믿는 사람들이 성불(成佛)하려는 목표로 사는 것처럼, 기독교인들은 예수님을 닮아 성화 완성을 이루려는 목표로 산다.

신학 교리상의 그리스도는 정통신앙, 보수주의, 복음주의로 믿으면 안된다. 역사적 인간 예수는 우리들의 인격 완성의 표본이니 그의 가르침과 삶을 본받아 성성을 이루어야 한다.

에베소서 4:13에 "우리가 다 하나님의 아들을 믿는 것과 아는 일에 하나가 되어 온전한 사람을 이루어 그리스도의 장성한 분량이 충만한 데까지 이르리니"라고 했다. 또한 요한일서 3:2-3에 "…그가 나타내심이 되면 우리가 그와 같을 줄을 아는 것은 그가 계신 그대로 보는 것을 인함이니 주를 향하여 이 소망을 가진 자마다 그의 깨끗하심과 같이 자기를 깨끗하게 함"이라 했다.

이신득의로 다 된 것이 아니다. 장차 예수님과 같이 되어야 한다. 바울의 신앙은 부분적으로 말고 전체적으로 받아야 한다. 바울의 정진도 받아야 한다(고전 9:24-27, 빌 3:12-14, 딤전 4:12-16).

기독교인이 된다는 것은…

기독교인이 된다는 것은 교파 소속이나 교리 고백으로 되어지는 것은 아니다. 세례, 성찬 참예로 되어지는 것이 아니다. 그리스도 신자는 어떻게 하든지 예수 성심(聖心), 그리스도의 "얼"을 받아야 한다. 예수님을 본 받아 예수님과 같이 되는 것이 우리의 인격 완성이다. "완덕", "성화 완성"이다.

"나는 마음이 온유하고 겸손하니 나의 멍에를 메고 내게
배우라"(빌 2:5)

예수님은 우리의 믿음의 대상인 동시에 본을 받을 모본이다. 믿어 의롭다 함을 얻고 본받아서 성성을 이룬다. 참 그리스도인은 교회 출석과 예배 반복만 아니라, 도덕적으로 순결하고, 경건하게, 성화 완덕을 이루어 가면서 인격 완성을 갈망하며 정진해야 한다. 기독교인이라면 무엇보다도 자기 인격 완성을 최대의 목표로 세우고 기도하며 노력해야 한다. 인생 일생을 살아가면서 돈 모으고 먹는 문제, 입는 문제가 가장 최고의 문제가 아니다. 개인적 학문, 출세 성공하는 일이 최고의 큰 문제가 아니다. 단란한 가정을 이루는 것도 최고의 문제가 아니다. 다른 일은 급하지 않다.

예수님을 믿겠으면 성경공부, 기도 훈련, 교회 봉사, 전도 훈련 등 이런 것들도 중요하지만 그 무엇보다도 먼저 가장 중요한 것은 그리스도 안의 인격 완성이다. 분명한 중생, 철저한 회개, 현저한 성화를 실천하도록 해야 한다. 그리고 모

든 신자는 신앙고백 뿐만 아니라, 예수를 열망하고 사랑해야 한다. 그것은 곧 그리스도인의 인격완성이다. 그리고 나서 주의 소명을 기다려야 한다.

자기의 인격 완성하는 일에 전력을 다하고 전적인 관심을 기울여야 한다. 신학교에서는 원어, 조직신학, 교의학, 변증학만 가르치지 말고, 졸업하기 전 몇 해 동안 철저히 중생, 회개, 성화로 완덕을 이루도록 주력(注力)해야 한다. 오늘 신학교의 잘못은 실로 크다. 가톨릭 신학교는 고해 신부가 2명씩 배속 되어 있다. 학문보다 영성 지도가 더 근본적으로 중요하기 때문이다.

요즈음 교회 다니는 교인들은 교회에 다니자 마자 몇 달도 못되어 일하는 데 관심을 두고 일하겠다고, 교회 봉사, 전도하겠다고 선교사가 되겠다고 서두르는데… 일하는 것은 모든 기독교인들마다 다 해야 하는 것이 아니다. 하나님의 일은 하나님께서 선택하시고 지정한 소명자(召命者)만이 해 내는 것이다. 하나님께서 모세를 선택하여 이집트 바로 왕에게 이스라엘 민족 해방을 설득 시키려고 하실 때 모세는 끝까지 못하겠다고 사양했다. 마지막에는 자기가 말더듬이 되어 말할 줄 모른다는 것까지 자백했다:

"주여 나는 본래 말에 능치 못한 자라…나는 입이 뻣뻣하고 혀가 둔한 자니이다"(출 4:10)

그래도 하나님은 말더듬이 모세를 선택하여 하나님 일하는 사신으로 보내셨다. 말 잘해서 하나님의 일을 하는 것이 아니다. 학식이 높아서 하나님의 일을 하는 것이 아니다. 인격이 성화되어야 하나님의 일을 바로 해 내는 것이다. 일은 안 해도 요사이 교인들처럼 밤낮 교회 출석하고, 예배 반복하는 생활만으로 자기가 그리스도인인 줄 안심하고 지내는 것도 잘못이다. 그런 것도 참 그리스도인이 아니다.

모든 기독교인들은 누구나 가장 중요한 것은 자기 일생을 통하여 철저히 자기 인격 완성하려 갈망하나, 바울의 말과 같이 말과 행실과 사랑과 믿음과 정절에 대하여 믿는 자의 본이 되고, 전심전력하여 진보를 모든 사람에게 나타나게 해야 한다. 이신득의, 은혜, 선물로 구원 얻는다는 것을 핑계로 무책임한 행동을 하고 비도덕적, 비양심적으로 사는 것은 큰 잘못이다. 그것은 도덕폐기론자이다.

하나님은 우리의 잘못된 행위를 심판하신다. 모든 것은 오직 믿음으로, 일방적인 은혜로만 된다고 생각하고서 우리는 아무 것도 않고 태만하고 방종하게 살아도 된다면, 하나님이 우리를 심판하실 일이 없을 것이다.

그리스도인의 시급한 문제는 염원(念願)이다. 그것이 구원의 완성이요, 곧 인격의 완성이다. 이신득의는 했으나 성화 미달인 자는 어떻게 되는가? 이신득의는 되었으니 구원은 얻겠지만 천국은 천층 만층 구층이다. 자기의 영적 수용량 발달 정도에 따라 하층계의 천국으로 가게 될 것이다. 불 가운데 구원을 얻는 자도 있게 마련이다. 구원의 목표와 완성은 성화 완성이다. 그것이 곧 인격 완성이다.

"그런즉 사랑하는 자들아 이 약속을 가진 우리가 하나님을 두려워하는 가운데 거룩함을 온전히 이루어 육과 영의 온갖 더러운 것에서 자신을 깨끗하게 하자"(고후 7:1)

그리스도인은 도덕적 더러움 즉, 음행, 호색, 술취함, 연락, 사치 등 육의 더러움과, 우상 숭배, 분쟁, 질투, 도당, 분리, 이단 등의 영의 더러움을 깨끗이 씻어야 한다. 이 세상의 온갖 더러움에서 성별(聖別) 되어야 한다. 성성을 이루어야 한다.

성인 성녀들은 말할 줄 모른다. 성인은 아무 말 없이 잠잠히 있어도, 그의 인격에서 나오는 무언의 감화력으로 온 세상을 감화시킨다.

내가 성지 순례하면서 얻은 소감이 있다. 갈멜산, 나사렛 성태고지 성당이 유적지를 지키고 있는 프란치스코의 수도사들은 조용히 말 없이 겸손 속에서 감화를 끼친다. 저녁 무렵 수도원 경내에서 밖으로 나오는 20대 젊은 수도사들의 일행이 지나가는 모습, 아무 말 없이 미소로 손만 흔들어 보이는 천사와 같은 인상, 숭고한 인격, 성화된 모습은 천사들 같은 느낌을 주었다.

어느날 법정 스님은 산길을 혼자 가다가 오솔길에서 수녀와 마주쳐서 서로 슬쩍 지나쳐 보고 지나갔다. 법정은 책에 쓰기를 "그 날 산길에서 마주 쳐 아무 말 없이 보고 지나간 그 수녀의 눈, 그 눈은 거리의 여인들의 눈이 아니었다. 자기 내면을 보는 눈이었다. 그 맑은 눈은 그날 이후 10년 동안 나를 정화시켜 주었다"고 했다.

외면을 찾고 다니는 눈은 속되나, 내면의 세계를 보는 눈은 거룩하다.

오늘 한국의 기독교인들에게 부탁한다

오늘 한국의 기독교인들에게 부탁한다. 목사들은 출세 성공욕, 학위를 얻으려고, 큰 교회에서 목회하려고, 하지 말라. 권사들과 여성 신도들은 특별 은사를 사모하여 한얼산, 청계산, 철원 기도원 등을 찾아 다니며 방언, 예언, 신유, 입신의 은사를 사모하노라 하지 말고, 무엇보다 우선하여 자기 인격 완성, 성화 완성에 힘쓰자. 완덕을 이루도록 갈망하자.

프란치스코는 학문도 없었고, 성경 학자도 아니었다. 그러나 그는 8백년간 전 세계를 감화하여 목사 수백만 명보다 더 큰일을 해 냈다. 목사, 선교사가 되어야만 하나님의 일을 해내고, 기독교를 전할 수 있는 것은 아니다. 장로가 되었다고, 권사가 되었다고 기뻐 우쭐거릴 일이 아니다. 그런 것은 지옥 가기 알맞은 걸림돌이다. 기독교 2천년 역사상 최대의 감화시킨 성인들—이탈리아의 성 베네딕또, 아씨시의 프란치스코, 우리나라의 이현필 등은 평신도들이었다.

이런 것은 종교가 아니다

이북에서 공산주의 열심자들의 대회를 본 적이 있었다. 그들의 붉은 깃발은 불타 듯하고, 고함을 지르면서 절규하고,

노래 부른다.

　대기업의 노사분규가 연례 행사처럼 벌어지는데, 대대적으로 깃발을 흔들고 붉은 수건을 아마에 매고, 주먹을 흔들며 과격하게 데모하는데, 이런 모습은 세계 어느 나라에서도 볼 수 없는 모습이다. 학생들도 사사건건 정부에 대립 시위를 하고, 신학생들까지 학교 수업을 마다 하고 데모하다가 죽은 학생을 열사라며 받들며 시청 앞에서 노제를 지내는 데 몰려가 버렸다. 이 같은 일은 외국에는 전혀 없는 일이다. 목사들도 데모대에 참가하여 데모하다가 죽은 학생 장례식에서 주례해 주고 행진하고, 천주교 2만 명 시위 집회에 추기경도 참가했다. 불교에서는 침묵 시위 행진을 주도하고 스님들은 프래카드를 들고 다닌다.

　이런 것은 종교가 아니다. 예수의 정신이 아니다. 예수는 로마 군인들이 얼굴에 가래침을 뱉고 뺨을 쳐도 묵묵히 한 마디 대꾸도 없이 대항하지 않았다. 오늘 기독교인들은 참회의 옷을 입고 눈물을 흘리면 중보의 기도를 올려야 한다.

　전도는 아무나 해 내는 것이 아니다. 수도원 여름 수련회에 미국에서 도망 왔다는 운동권 학생이 삭발하고 참가했다. 곧 미국에서 젖먹이 어린 아이가 있는 여자로부터 장거리 전화가 빗발쳤다. 그 부인은 이 운동원 학생에게 연정을 호소하며 당신 없이는 못 산다고 했다. 미국에서 전도사 노릇하며 유부녀와 사련(邪戀)에 빠졌던 것이다. 이런 사람들이 기독교인들이라고 하고 교역자라 한다.

　종교의 전면적인 혁신이 일어나야 한다고 본다. 예수님은 여러 번 정치 운동의 유혹을 받았으나 단호히 물리치셨다. 민중들은 왕으로 모시려 하기도 했고, 사단은 자기에게 절하면

천하를 준다고 유혹하기도 했다.
 민중 운동이나 운동권 학생을 자부하지도 말고, 유행신학이 어떻다고 흔들며 다니지 말고, 먼저 자기 인격 도야에 힘써야 한다. 중생의 열매, 회개의 실재, 성화에만 관심을 가지고 자기의 영성, 도덕적 경건에 주력해야 한다. 우리가 지극히 겸손하고, 예의 바르고 진실하고 양심과 염치와 얼이 박혀 있고, 우리가 성결하고 너그럽고 관대하면, 그 때 세상은 기독교인은 인정해 줄 것이다.

인격을 갖춘 종교인이 되라

 어느날 프란치스코는 제자들을 거느리고 전도대로 거리에 나가 한 바퀴 돌았다. 그러나 그는 누구 한 사람에게 예수를 믿으란 말은 하지 않았다. 집에 돌아와 제자들은 이상히 여겨 물어 보았으나 "잠자코 기다려 있으시오"라고 대답할 뿐이었다. 얼마 안 있어 여기저기서 사람들이 몰려와 "우리는 당신네 수도사들을 묵묵히 아무 말 없이 엄숙히 걸어가는 모습을 보고 감동을 받았다"고 했다. 프란치스코의 제자 한 사람은 어느 완악한 마을에 전도하러 가서 한 마디 말을 못하고 울기만 하고 돌아왔다.
 오늘날의 사람들은 종교인이라고 해서 무턱대고 존경하지 않는다. 목사라고 해서, 신부라고 해서, 스님이라고 해서 무조건 존경하지는 않는다. 성직자라고 존경받을 가치가 있는 것은 아니다. 학벌이 좋고 지식이 있다고 존경받을 수 없다. 인격이 높아야 존경을 받는다. 말과 행실과 사랑과 믿음과 정절에 대하여 남의 모본이 되어야(딤전 4:12-16) 존경을 받는다. 인격이 없으면 목사가 아니다. 기독교인이 아니다. 인간이 아니다. 본능적인 인간은 짐승에 불과하다. 간디는 "내 한 마디의 거짓말로 인도가 독립을 한다고 해도 나는 거짓말을 할 수 없다"고 했다. 맹자는 사단지심이 없는 자는 인간이 아니라고 했다.

김현봉 목사는 언제나 교인들에게 "자기를 만들어 가라"고 했다. 인격이 예수를 믿는 것이요, 구원은 인격이 구원을 얻는 것이다. 인격 완성이 곧 구원의 완성이다. 요한계시록 22:15에 "개들과 술객들과 행음자들과 살인자 우상 숭배자 거짓말하는 자는 천성 밖에 있다"고 했다. 이 말은 비인격, 비인간은 누구나 구원 얻지 못한다는 말씀이다.

지식보다, 감정보다, 의지의 사람이 되라. 참 그리스도인이 되고자 한다면 모든 것을 버리고 청빈하게 되라. 세상도, 가정도, 학위도, 지식도 버리라. 일체 세상 일, 교계 일에도 관여하지 말고 다만 자기만 적나라하게 바라보라. 종교란 남의 눈의 티를 찾아 보려고 하는 것이 아니다. 자신의 눈의 들보를 깨닫고 뉘우치는 일이다.

인간성(人間性)의 더러움은 곧 나의 더러움이요, 인간성의 악함은 곧 나의 악함이요, 인간들의 잘못은 곧 나의 잘못이다. 한국 민족이 나쁘다는 것은 곧 내가 나쁘다는 것이다.

아토스의 성자 실루안은 남의 문제를 자기 문제로 알고 심혈을 다해 기도했다. 나의 잘못을 찾고 참회하는 것이 종교 생활이다.

간디의 "싸티아 그라하"(영혼의 힘; force)는 적에게 고통을 주는 것이 아니라, 자기 자신에게 고통을 줌으로써 진리를 옹호하는 운동이다. 정부의 잘못을 규탄하는 것이 아니라, 지도자 사회의 모순과 부조리를 들고 일어나는 것이 아니라, 사회의 부조리를 볼 때 나의 잘못을 먼저 찾아 내고 참회하는 것이다.

참 그리스도인이 가는 길은 교파, 신학 운동을 하는 것이 아니다. 다만 자기를 본다. 자기 인격 완성에만 주력한다.

성 프란치스코는 언제나 자기를 경계했다. 초대 받고 가서는 음식에 재를 뿌려 먹었다. 클라라 수녀원 수녀들의 요청을 못 들은 척 하다가 정녕 간청하면 가서는 수녀들의 인사도 받지도 하지도 않고 마루에 가지고 간 재로 원을 그리고, 그 가운데 서서 자기 얼굴에 남은 재를 몽땅 뿌렸다. 그리고 설교하기를 "모든 것은 먼지요 흙이며 재다. 나 프란치스코도 먼지요 재다"라고 하고는 인사도 없이 가 버렸다.

트라피스트 수도사들은 수도하는 일에만 전념하고 수도원 밖으로 나가지 않는다. 누구에게도 설교 한 마디 하지 않고 침묵을 지킨다. 병원에서 간호 수녀로도 봉사하지 않고, 본당 봉사도 하지 않는다.

모든 기독교인들은 함부로 나서서 하나님의 일을 하노라고 설치지 말아야 한다. 자기를 특별히 부르시는 하나님의 소명을 기다리노라고도 말아야 한다. 신(神)이 알아서 하실 일이지 우리가 자원 봉사할 몫이 아니다.

신학교에 꼭 가려고도 말고 목사, 선교사로 나서려고도 말고 다만 꾸준히 자기 내면을 파고 철저한 인생관을 갖고 자기 인격을 완성하려는 일에만 관심을 가져야 한다. 하나님이 확실히 부르신 자 외에는 누구나 함부로 하나님 종이라고 나서지 말라. 무슨 영을 받았다고 해도 모세처럼 끝까지 사양하라.

신학교 3백 개를 누가 세웠는가? 신학교에서 수천 명씩 쏟아져 나오는 신학생들에게 군소 교파에서 되는 대로 안수 주어 목사나 선교사로 나서게 하는 일, 저질 목사를 대량 생산해 무책임하게 내 보내는 일 등 한국의 신학교란 것 우스운 이야기이다.

예수를 믿고 하나님의 소명이 분명하다면 누구나 하나님만 의탁하고 그대로 하나님 일을 하는 것이지 꼭 신학교에서 연구를 7년씩이나 하고 학위 받고, 학문에 일생을 희생한다는 것은 어리석다. 목회학 박사 따위는 개도 주어도 먹지 않는다는 것이란다. 신학이 그렇게 어렵고 내용이 복잡한 것이던가? "주는 그리스도시요 살아 계신 하나님의 아들이시니이다" 하면 기독교가 아닌가? 이현필은 신학교에 가겠다는 청년에게 "성한 사람이 목발을 짚는 것과 마찬가지다"고 했다.

예언자들은 인간들의 안수식을 받지 않았다. 사례비, 월급이란 것이 전무했다. 하나님이 직접 불러 영감 충만을 내리셨다. 그들은 독신이었다. 직업적, 세습적 제사장들은 인간들의 안수식을 받아야 했고, 가정을 거느리고 제사장 노릇 했는데, 그들에게는 신의 영감이 전혀 내리지 않았다.

기독교를 중흥시킨 것은 유명한 신학교, 유명한 신학자가 아니다. 목회학, 경영학, 성장학, 교의학 공부 따위를 배워서 세상을 변화시킨 성인이 어디 있는가? 프란치스코 한 사람이 일어나 유럽 기독교를 새롭게 하고 8백 년간 영적 영향을 끼치고 있다.
 아무나 신학교에 지망한다고 하나님의 뜻을 따르는 길이 아니다. 이 세상에는 신학교 졸업한 못 된 목사가 너무나 많다. 예언자 엘리사가 선지학교를 세웠으나 그 속에서 엘리사의 후계자는 나오지 않았다.
 꾸준히 자기 내면을 파고 들어야 한다. 인생관에 철두철미하고, 바른 종교관을 세우는데 철저하고, 종교를 말하려 말고, 함부로 나서서 일하노라 말고, 꾸준히 지기를 반성하고 다만 인격 완성에 전념해야 한다.
 예레미야가 하나님 영감을 받아 예언 활동을 할 때 가장 반대하고 선지자 예레미야를 붙잡아 구타하고 옥에 가두고 착고에 채운 자는 성전 유사장 제사장 바스홀이었다. 선지자 아모스의 예언 활동을 방해하고 추방하며 금지시킨 것은 벧엘의 제사장 아마샤였다. 순교자 주기철 목사가 감옥에 갇혀 있을 때 그를 면직시킨 것은 평양 노회 목사들이었다.
 요즈음 기독교의 교세를 확장시켜 하나의 세력을 만들고 여론화시켜 정치 노름하고 정부에 대립하고 나사렛 예수의 걸으신 길과 정신을 저버리는 것은 기성 기독교 단체들이고 예수를 병신 만드는 것은 교황, 추기경, 총회장이다.
 기독교의 목적은 어떤 세력을 구성하려는 것이 아니다. 한 사람 한 사람 믿는 신자들을 진정 회개시고 마귀 세력에서 건져 성화시켜 새 사람, 새 인격을 만드는 데에 있다. 이것이 하나님의 나라 운동인데도 요즈음 기독교인의 인격 갱신 문제를 완전히 내버리고 있다.

아무나 하나님의 종이 될 수 없다

아무나 자기가 원한다고 하나님의 종이 되고 하나님의 일을 해 내는 것이 아니다.

대 선지자 이사야는 소명을 받을 때에 초자연적 계시 속에서 하나님 영광과 스랍 천사들의 찬양 소리 듣는 중에 두려워 "화로다 나여 망하게 되었도다 나는 입술이 부정한 사람이요 입술이 부정한 백성 중에 거하면서 만군의 여호와이신 왕을 뵈었음이로다"고 부르짖었고, 스랍 천사가 화저로 불타는 숯을 집어 아사야의 입술을 지진 후에야 주님의 "내가 누구를 보낼까"하는 소명을 듣고 "내가 여기 있나이다 나를 보내소서"하고 나섰다.

오늘 프로테스탄트 교회들의 가장 시급한 문제, 가장 중대한 문제는 기독교회의 세속화와 도덕적 타락이다.

16세기에 마틴 루터가 종교개혁에 성공하고 기독교는 완전히 새로워진 줄 자부하고있을 때, 개혁교회 안에서 새로이 일어난 두려운 현상은 개혁교회의 강단이 굳어져 은혜가 메마른 것, 개혁파 교인들의 도덕적으로 걷잡을 수 없는 타락, 그리고 개혁파 신학자들 간의 지루한 분열이었다. 한 번 개혁하면 완전해지는 줄 알았는데 이런 모양이 되어 버린 것이다. 가장 염려스러운 것은 개혁파 지도자와 교인들의 도덕폐기론에 빠져간 사실이다.

종교개혁의 후유증이 이렇게 되고 보니 이래서는 큰 일 난다고 크게 놀라고 걱정한 사람들은 독일 루터교회의 가장 경건한 목사들이었다. 그래서 요한 아른트, 필립 야곱 스페너

등 목사들 중심으로 일어난 새 운동이 "경건주의 운동"이었다. 가장 경건한 진젠돌프와 모라비안 교회, 영국에 청교도, 웨슬리 운동이었다.

목회자들이 교회를 부흥시키려고, 전도 많이 하려고 자기 인격의 성화는 염두에 두지도 않고 인간적인 방법과 수단만 꾸미는 일은 어리석은 일이다. 하나님은 그런 인위적인 방법을 쓰는 것을 증오하신다. 우리 기독교인들이 대각성 운동을 일으키고 도덕적 엄숙, 회개, 인격 갱신, 성화되어간다면, 기독교 지도자들이 고상한 인격자들이면, 그 때는 인위적 야비한 수단을 쓰지 않아도 기독교는 중흥하고 세상은 우리를 따르게 될 것이다.

종교의 선교를 입으로 말하지 말고, 지식(신학, 교리)으로 말하노라 말고, 우리 인격으로 말해야 한다. 성인은 한 마디 말이 없이 묵묵히 살아가도 전 세계가 감동하기 마련이다.

기독교의 목적은 일이 아니다. 어떤 "ism", "movement", 운동, 행사, 축제가 아니다. 기독교인은 인격 완성을 위해 수도 정진해야 한다. 인격 도야, 인격 완성은 공부로 안된다. 다스리고 도야(陶冶)하고 바울이 자기 몸을 스스로 쳐서 복종케 하듯이 치고, 깨고, 고치고, 길러야 한다. 인격 완성, 완덕, 성화는 성령의 주 임무요 역사(役事)이지만, 우리 인간 편에서는 성령 감화로 소멸치 않은 순종과 정진이 있어야 한다.

아사야는 헛된 예배를 드리지 말라고 부르짖었다.

"너희의 무수한 제물이 내게 무엇이 유익하뇨…다시 가져 오지 말라…내 마당만 밟을 뿐이라…너희가 손을 펼 때 내가 눈을 가리우고 너희가 많이 기도해도 내가 들

지 아니하리라…"(사 1:11-15)

아모스도 같은 예언을 하였다.

"너희 절기를 미워하고 너희 성회를 기뻐하지 않노라…
너희가 번제나 소제를 드릴찌라도 내가 받지 아니하리
라…네 노래 소리를 내 앞에서 그칠찌어다…"
(암 5:21-23)

신자들은 형식적으로 교회 출석이나 예배를 보는 것이 신앙 전체로 알고 안심하지 말아야 한다. 교회와 목사를 지나치게 의뢰하지 말아야 한다. 교회가 커서 구원 받는 것이 아니다. 교회가 좋아서 구원 얻는 것이 아니다. 목사가 좋아서 구원 얻는 것이 아니다. 성경 많이 안다고 천당 가는 것이 아니다. 남에게 묻혀서 구원 얻는 것이 아니고, 개인 개인으로 구원 얻는 것이다. 교파 일에 열심을 내고, 교회 봉사에 심력을 기울인다고 그것이 그대로 하나님을 기쁘시게 하는 하나님의 일인 것은 아니다.

신자는 개인적으로 분명한 중생을 체험하고, 철저한 회개를 계속하고, 현저한 성화를 이루고, 도덕적으로 경건생활을 하고, 예수를 믿을 뿐 아니라 뜨겁게 열망하고 사랑해야 한다. 이 같은 정진 생활을 일생 계속 해야 한다. 개인 인격 완성, 성화 완성 하는 것이 기독교인의 목적이다.

교인의 의무는 예배 출석, 십일조 헌금 뿐만 아니다. 교인의 훈련은 성경 공부, 기도 훈련, 전도 실행, 노래 연습, 레크레이션, 친목 등이 아니다. 교인 수를 확장시켜 끌고 다니며,

연보 짜 내며, 세력을 구성하여 정치 노름하고 돈과 매스컴의 힘만 의존해 교회 운동을 쉽게 하려 하는 것은 기독교가 아니다.

인간 구원의 완성

인간 구원의 완성, 구원의 절정 목표는 복락원(復樂園)이 아니다. 천국 가는 일보다 복신성(復神性), 잃어버린 하나님의 형상을 회복하는 데에 있다.

"하나님이 미리 아신 자들로 또한 그 아들의 형상을 본 받게 하기 위하여 미리 정하셨으니…미리 정하신 그들을 또한 부르시고 부르신 그들을 또한 의롭다 하시고 의롭다 하신 그들을 또한 영화롭게 하셨느니라"
(롬 8:29-30)

예수님께서는 제자들 보고 "하늘에 계신 너희 아버지의 온전하심과 같이 너희도 온전하라"(마 5:48)고 하셨다.

"너희 의가 서기관과 바리새인보다 낫지 못하면 결단코 천국에 들어가지 못하리라"(마 5:20)

그리스도인의 목표는 인격 완성이다. 성화 완성, 완덕에 이르는 일이다. 성경은 그것을 우리에게 가르친다.

"그의 신기한 능력으로 생명과 경건에 속한 모든 것을 우리에게 주셨으니…너희로 정욕을 인하여 세상에서 썩어질 것을 피하여 신의 성품에 참여하는 자가 되게 하셨으니 이러므로 너희가 더욱 힘써 너희 믿음에 덕을, 덕에 지식을, 지식에 절제를, 절제에 인내를, 인내에 경건을, 경건에 형제 우애를, 형제 우애에 사랑을 공급하라 이런 것이 너희에게 있어서 흡족한즉 너희로 우리 주 예수 그리스도를 알기에 이르지 않고 열매 없는 자가 되지 않고 열매 없는 자가 되지 않게 하려니와 이런 것이 없는 자는 소경이라 원시치 못하고 그의 옛 죄를 깨끗게 하심을 잊었느니라 그러므로 형제들아 더욱 힘써 너희 부르심과 택하심을 굳게 하라…이같이 하면 우리 주 예수 그리스도의 영원한 나라에 들어감을 넉넉히 너희에게 주시리라"(벧후 1:3-11)

디모데전서 4:15-16에 "이 모든 일에 전심전력하여 너의 진보를 모든 사람에게 나타내게 하라…"고 했다.

불교 수도자들의 이상은 성불하는 데에 있다. 대승불교의 최고 이상이 보살수행인데, 보살은 상구보리(上求菩提: 위로는 지혜를 구함)하고 하화중생(下化衆生: 아래로는 중생들과 같이 됨)하는 데에 있다. 불교의 최대 이상인 붓다 정각(正覺)의 지혜(道, 知, 覺)를 얻는 데 있다.

동양인의 최고 이상은 군자가 되는 일이다. 군자는 학식과 덕행이 높고 나음이 착하고 무던한 인격을 말한다.

기독교인이 되는 목적은 이신득의하는 것으로 끝나는 것이 아니다. 성화 완성하여 성인이 되고 예수의 형상을 본 받는 데 있다.

"하나님이 미리 아신 자들로 또한 그 아들의 형상을 본 받게 하기 위하여 미리 정하셨으니"(롬 8:29)

예수님께서는 마태복음 11:29에 "나는 마음이 온유하고 겸손하니 나의 멍에를 메고 내게 배우라"고 하셨다. 또한 빌립보서 2:5에 "너희 안에 이 마음을 품으라 곧 예수의 마음이니…"라고 하셨다.

모든 기독교인은 인격 완성을 이루려고 갈망해야 한다. 천국에는 비열한 인격자는 들어갈 수 없다.

"사람들이 만국의 영광과 존귀를 가지고 그리로 들어 오겠고 무엇이든지 속된 것이나 가증한 일 또는 거짓말하는 자는 결코 그리로 들어 오지 못하되 오직 생명책에 기록된 자들뿐이라"(계 21:26-27)

"그 두루마기를 빠는 자들은 복이 있으니 이는 저희가 생명나무에 나아가며 문들을 통하여 성에 들어갈 권세를 얻으려 함이로다 개들과 술객들과 행음자들과 살인자들과 우상 숭배자들과 및 거짓말을 좋아하며 지어 내는 자마다 성 밖에 있으리라"(계 22:14-15)

현대 교회 목회자 젊은이들은 모조리 교회와 교인을 인위적 방법과 기술로, 인간의 테크닉으로 훈련시키려 한다. 경영학이니 성장학이니 그런 것들로 말이다. 신자들과 예배는 건물화하고 조직화하고 예배는 곡조화, 노래화한다. 예배가 귀한 것이 아니다. 기독교인들은 예수 인격을 본받는 것이 귀한 것이다. 예수처럼 생각하고 예수처럼 살아 보려는 일이 귀하다.

신상수훈 속에 가르치신 예수의 얼, "너희 안에 이 마음을 품으라"하신 예수님의 성심, 얼사람, 성심인(聖心人), 자비와 눈물이 많은 기독교인, 청빈, 순결, 순명하는 기독교를 길러 내야 한다. 교회 분열, 싸움이나 잘하고 시위 데모나 잘하는 기독교인들은 참 그리스도인이 아니다.

예수님께서 열두 제자들을 둘씩 짝을 지어 파송하시면서 훈계하신 교훈은 단벌옷, 맨발에 동전 한 푼도 가지지 않고 떠나는 순수 탁발인(托鉢人), 일체에서 이탈한 무일물(無一物), 무소유인(無所有人)이었다.

현대 교회 건물, 예배 안에 모든 거짓된 장식품을 떼어 버려야 한다. 예수 아닌 것, 비(非) 그리스도, 비(非) 복음적인 것을 버려야 한다.

목회자들이 자기 목회에 복종 잘하는 교인을 길러 내서는 안된다. 예배나 잘 보는 예배 교인을 길러 내서는 안된다. 온유, 겸손하고 예수처럼 자비한 기독교인을 길러 내야 한다.

"믿음과 착한 양심을 가지라 어떤 이들이 이 양심을 버렸고 그 믿음에 관하여는 파선하였느니라"(딤전 1:19)

"말과 행실과 사랑과 믿음과 정절에 대하여 믿는 자에게 본이 되라"(딤전 4:12)

교회 생활의 훈련보다 분명한 중생인, 철저한 회개인, 현저한 성화인(聖化人), 너그러운 기독교인, 이성과 이해성이 많은 기독교인, 거짓 없는 신실한 기독교인, 경건하고 예의를 아는 기독교인이 되자.

9.
영성적 강자가 되자

외화내허(外華內虛)의 종교

"화 있을진저 외식하는 서기관들과 바리새인들이여 회칠한 무덤 같으니 겉으로는 아름답게 보이나 그 안에는 죽은 사람의 뼈와 모든 더러운 것이 가득하도다 이와 같이 너희도 겉으로는 사람에게 옳게 보이되 안으로는 외식과 불법이 가득하도다"(마 23:25-27)

한국 교회 부흥은 세계 여러 나라 교회의 부러움의 대상이 되고 있지만, 사실 한국 교회 부흥의 골자는 교인 숫자 불리기, 연보 액수 올리기, 교회당 건물 크게 짓기 등 외면적 성장이다. 21세기 기독교 운동을 하는 이들의 목표가 현재는 한국 인구의 25퍼센트가 기독교인인 것을 50퍼센트가 기독교인 되게 하자는 데 목표를 두고 있다.

한국 불교 혁신을 성공시킨 유력한 스님은 한국 기독교에 대하여 평하면서 한국 기독교가 숫자적으로는 크게 발전했지만 내면(內面)은 허실하다고 했다. 옛날 일본 교회 여성 지도자 한 분이 한국을 일주하면서 한국교회를 시찰하고 나서 평하기를 "한국 기독교는 돼지처럼 뚱뚱하게 살은 쪘으나 뼈가 없다"고 했다.

지금 한국 교회는 내면적 허실과 공허의 위기에 서 있다. 이것은 최근에 연속적으로 일어나는 대형 재난의 참혹—경부선 철로가 내려앉아 다수가 참혹한 희생을 한 죽음을 비롯하여, 여객기가 추락하여 다수가 희생 당한 일, 페리호가 뒤집어져 3백 여명이 순식간에 바다에서 희생 당한 일, 성수 대교 추락 사고의 참사, 서울과 대구에서의 가스 폭발로 인한 대량 참사, 그리고 또 서울 삼풍백화점 붕괴로 5백여 명이 사망한 참사, 대형 유조선이 좌초하여 기름이 바다에 떠다니며 그 결과 남해 바다의 적조 현상으로 수백만 마리의 물고기 떼죽음 등 이것은 모두 천변지재(天變地災)가 아니다. 인재(人災)이다. 대한민국 국민으로 태어났기 때문에 참혹하게 죽는 억울한 죽음이다. 우리 국민이 조야스럽고 경솔하여 겉으로만 큰 일 한다고 떠들고 속에 내실을 다지지 않는 불성실하고 경솔한 국민성에서 유래된 어처구니 없는 재난들이다.

이런 국민성이 종교를 믿어도 그 나라 국민 수준 이상의 종교는 못 된다. 예수를 믿어도 본래 성격이 생긴 대로 마찬가지이다. 모두가 엉터리들이다. 한국인이 외국에 이민 가서도 기독교는 어디서나 싸우고 분열한다.

　독일에서 온 바우엘 목사는 한국 교회에 처음 와서 볼 때는 교인들이 열광하며 예배 드리며 기도 찬송하는 모양이 아우성치는 분위기를 보고 미친 사람들이 아닌가 하고 깜짝 놀랐다고 한다. 그것은 부흥도 아니요 성령도 아니요 기독교도 아니다. 한국 목회자들이 왜 기독교를 이런 모양으로 끌고 가면서도 반성이 없을까? 6만 명 목사들의 머리 속에는 교회 성장의 욕망과 꿈, 계획만이 꽉 찼다. 외면(外面)으로만 확장시키려고 교인 수, 돈의 액수, 건물의 찬란, 부지런히 반복하는 행사, 외부적, 수량적 부흥(배가운동, 만 교회 운동, 외국 선교)에만 노력하노라 말고 내실을 다지자. 만사를 되는 대로 경솔하게 해치우고 내실을 다지지 않는 것이 우리 국민성의 치명적 결점인데, 그 동안의 인재 모두가 거기에 기인한 것이었다.

　그동안 한국교회도 그렇게만 나가고 있다. 외화내허(外華內虛), 외부로만 무제한 확산할수록 결국 종교의 본질을 잃어버리고, 비기독교가 되어 버리고, 예수 아닌 딴 것이 되어 버리고 만다. 외부적 성장, 그 기술, 방법, 테크닉 연구에만 몰두하지 말고, 내면으로 내면으로 내실을 다지며 깊은 심층을 파고드는 내면적 기독교, 심층적 기독교, 내실을 다지는 종교가 되어야 한다.

　장로교가 140파로 분열하고, 신학교가 270개나 지저분하게 난립하고, 목사가 성폭행하고, 교회째 교인째 팔아 먹고 미국으로 도망 가고, 대학 교수로 미국까지 유학하고 돌아와 명문대학 교수 노릇 하는 기독교인이 자기 아버지를 칼로 찔러 죽이고서도 큰 죄 지은 줄 모르고 있다. 그들 속에 신(神)이 없다. 그리스도는 없다.

기독교 30개 교단 총회장 및 교계 지도자 일동은 회개문— "우리 사회 구성원 모두의 직업 윤리 의식의 결여가 삶의 근본적 원인…이번 사고는 교회가 사회의 빛과 소금의 역할을 다 하지 못한 결과임을 자백하며 회개합니다"라는 형식적인 글로 얼렁뚱땅하고 지났다. 변명에 지나지 않는다.

한국 개신교회는 이 시점에서 그동안 50년간 허세 부리던 거짓 성장을 크게 반성하고 대 회개하고 겸손한 종교 자기 반성의 내면적(內面的) 종교가 되어야 한다. 심정(心情)의 종교, 마음의 종교로 방향 전환을 해야 한다.

한국교회 부흥은 허장성세(虛長盛勢)이다. 고무풍선에 바람을 팽팽하게 불어넣는 부흥이다. 산에서 나무를 심어 기르고 꽃나무를 길러 보니, 너무 급속히 지나치게 자란 나무는 받침대 없이는 허리가 부러지거나 뿌리째 쓰러지고 만다. 외부적(外部的)으로 확산해 갈수록 내면적(內面的)으로는 빈곤하고 공허해지고 고갈하고 죽어간다. 외면적 추구는 물질계의 추구이다. 내면적인 추구는 심성, 영성 추구이다.

근원으로 돌아가자

한국 개신교의 모든 운동은 예수 그리스도 정신으로, 그리스도의 근원으로 되돌아가야 한다. 신기루와 같이 외부적, 수량적 성장에만 미쳐 날뛰지 말고 내실적, 심층적, 본질적 내실을 찾아 속을 파고 들어 가야 한다. 심층 기독교가 되자.

일본의 기독교인 전체의 수가 한국의 10분의 1도 못 된다. 그러나 사상적으로는 우리보다 우위이다. 그들은 최근에 기독교 신비주의에 대한 전집 17권을 출판했다. 그러나 한국에서는 아직 이런 책을 출판하지 못하고 있다.

『그리스도를 본 받아서』를 쓴 토마스 아 켐피스는 자신의 형이 수도원 원장으로 있는 수도원에서 밖으로 나오지 않고 계속 내면 생활만 파고 들었다. 그는 성경 다음으로 많이 읽는 명저(名著)를 썼다.

> "너는 마음을 다하여 하나님께로 향하고 이 가련한 세상을 끊어라. 그러면 네 영혼이 고요할 것이다. 바깥 사물을 가벼이 보고 안의 일에 주의를 다하는 공부를 하라. 하나님은 내적(內的) 생활을 하는 사람을 자주 찾으시며 그에게 말씀하시고 위로와 평화를 가득히 내려 주신다. 그리운 정배 예수를 위하여 네 마음을 꾸미라. 그가 네게 와서 네 안에 거처할 만큼 하라. 예수와 진리를 사랑하는 자, 참으로 내적(內的) 생활을 하는 자는 평화스러이 쉬게 되리라."(『그리스도를 본받아』중에서)

> "주께서 안으로 말씀하시는 바를 듣고 주의 입으로부터 위로의 말씀을 받는 영혼은 복되다. 내 영혼아, 너는 이 세상을 멀리하고 네 육정의 문을 잠그라. 이는 네 안에서 말씀하시는 네 주(主) 하나님의 말씀을 들을 수 있기 위함이다."(『그리스도를 본받아』중에서)

나는 그리스도인 중에서 가장 올바른 자세로 예수를 믿은 모델로 베다니 마리아와 소화(小花) 테레사를 꼽고 있다. 이들은 모두 정배 예수 그리스도만 사모한 성녀들이다.

내면적(內面的) 종교가 되어야 한다. 과일나무를 전지하듯이 멋없이 열매 맺지 않고 밖으로만 뻗어가는 가지는 잘라 버려야 한다. 깊은 뿌리를 길러야 한다.

사막으로 가자

옛날 성도들은 "후가 데 데르또"(사막으로 가자)라는 구호로 외면적(外面的)인 관심을 차단하고 자기 주위를 광야를 만들려고 애썼다. 오늘날도 수도자들은 내면의 깊이를 파고 들기 위해 주위를 인위적(人爲的)으로 사막을 만들려고 노력한다. 이스라엘 백성이 젖과 꿀이 흐르는 가나안 복지로 들어가기 위해서 중간에 광야(사막)를 거쳐야 했던 것처럼…

국가적으로도 착실하게 국민의 도덕 내실을 다지지 않고 외부로 세력을 확장하려는 데서 침략주의로 나간다. 내실을 다지지 않고 외부적인 세력을 확장하는 데서 멸망한다. 정치적으로는 일본의 군국주의와 독일의 나치스 주의가 외국 침략을 일삼다가 멸망했다.

종교적으로는 주후 3세기까지의 로마 지하 카타콤 교회가 기독교 사상 가장 순수한 기독교였다. 생명력이 넘치는 기독교였다(로마 인구의 8분의 1이 기독교 신자였다). 그러나 313년 콘스탄틴 황제가 밀란 칙령을 발표하고 기독교를 로마 국교로 삼은 것, 대성당을 건축하고, 외부적 장식을 꾸민 것 십자군이 창설되어 침략한 것, 프랑스 혁명과 러시아 혁명 등을 겪으면서 유럽의 기독교는 망했다.

오늘 한국 교회를 망치는 위기도 외부적 교세 확장이다. 팔방미인 새로운 기독교 귀족 떼가 일어나고 있다. 교회가 중산층의 노리개가 되었으며, 가진 자의 교회로 변하고 있다. 한국 교회가 내실 다지기를 무시하고 외면으로만 확산하는 현상이 물량적 비대, 거대화, 세속주의, 배금주의, 대 교파주의, 팽창주의, 대교회주의가 되고 있는 현상이다. 이런 현상은 군소 교회들을 빈사 상태로 몰아넣는다.

어느 큰 교회의 목사가 교회 문제를 수습하지 못해 쩔쩔매는 것을 보고, 연세대 경영학 교수가 "경영학을 공부하여 교회를 경영하시오"라고 충고했다고 한다. 큰 기업의 조직처럼 교회가 경영화하고 조직화하여 운영하라는 것이다.

큰 교회는 쏟아져 들어오는 막대한 연보로 신(新) 도시 개발 지역에 부지를 매입하여 교회를 세우고, 주일이면 본 교회 목사의 설교를 T.V를 통해 예배 보게 한다. 곳곳에 큰 교회의 지(支) 교회를 설립하여 마치 은행의 지점(支店)처럼 조직화하고 본(本) 교회에 예속케 하여 거대한 조직과 세력권을 형성하고 있다.

이와 같은 팽창주의의 거대한 조직은 필연적으로 거대한 불합리(不合理)와 자기모순에 빠질 수밖에 없다. 지역교회를 빈사 상태로 몰아넣고 큰 교회의 한 개인 목사를 우상화한다. 그의 카리스마가 신(神)의 은혜라는 이름 하에 그 목사는 하나님 영광을 자기가 찬탈하고 있다. 그의 교회적 왕국은 사회적으로 영향을 끼치고 정치적 발언도 서슴치 않고 당당하다.

　호남 지방은 기독교세가 가장 강하다. 교회 수도 교인 수도 가장 많다. 신학교도 각 교파에 따라 여러 개 있고 건물도 크다. 호남교계의 원로 목사와 대담하는 중 "이제는 옛날 같은 교회 부흥은 안됩니다. 큰 교회는 현상 유지나 하면 괜찮은 편이고, 그 밖에는 교회가 줄어간다"고 했다. 한국 교회의 부흥은 이제 둔화되어간다. 개척 교회는 안되고 많은 수가 없어져 간다.

　종교적 세력을 형성하며 국가가 도저히 멸시 못할 파워를 만들어 정치권에 대항하고 시위(示威)를 일삼는 것은 기독교 정신이 아니다. 기독교란 무시 못할 세력을 과시하며 특수 교파, 특수 교회 세력을 형성하여 시위적 행동을 일삼는 정치 목사들, 그것은 종교 정신이 아니다. 특히 예수 그리스도의 정신이 아니다.

어떠한 주의나 사상에도 심취하지 말자

　어떠한 주의(主義)와 사상에도 심취하지 말자. 어떤 영웅이나 천재도 숭배하지 말라. 그것은 외부적인 것이다. 성경을 지식으로 머리 속에 넣지 말라. 종교적 온갖 전통 의식, 행사에도 미혹되지 말라. 그것도 외부적인 것이다. 대교회를 자랑하지 말라. 장엄한 예배에 위압을 느끼지 말라. 목사의 학벌, 가운, 청산유수 같은 설교에도 압도되지 말라. 이 모든 것은 가소로운 외부적인 것이다.

성남에 있는 어떤 교회 헌당식에서 초청 받은 적이 있다. 순서를 맡은 초청 목사들을 위해 화려한 가운을 준비하였는데, 가운이 모자라 순서를 맡은 사람들이 강단에 나갈 때마다 가운을 서로 바꿔 입느라 소동을 피웠다.

철학은 머리로 들어가는 것이요, 종교는 심정의 깊이를 파고 들어 가야 하는 길이다. 머리의 종교 되지 말고 마음의 종교가 되어야 한다. 요즘 젊은 교역자들이 학위(學位)를 얻으려고 한다. 지식은 별 도움이 되지 못한다. 학위, 지식으로 무엇이 되는 줄 아는 자는 어리석다. 바울은 지식의 거짓된 것이라 했다.

교회는 수도원화 되어야 한다

오늘 신학교(神學校)의 교육은 내면적 교육이 못 된다. 머리에 지식으로만 주입해 넣으려 하지 말아야 한다. 영성을 살리는 교육이 되어야 한다. 신학교는 수도원화 되어야 한다. 직관력을 길러야 한다. 그러기 위해서는 관상(觀想) 생활과 관상 기도에 주력해야 한다.

한국에 개신교도의 수가 1,200백만 명, 교역자 6만 명, 교회는 5만, 신학교가 300개가 된다. 그러나 이 모두는 다 허울좋은 고무풍선이다. 빛 좋은 개살구다. 이렇게 기독교 부흥한다는 나라 꼴이 왜 이 모양인가? 영성의 기근이다.

"주 여호와께서 가라사대 보라 날이 이를지라 내가 기근을 땅에 보내리니 양식이 없어 주림이 아니며 물이 없어 갈함이 아니요 여호와의 말씀을 듣지 못할 기갈이라 사람이 이 바다에서 저 바다까지 북에서 동까지 비틀거리며 여호와의 말씀을 구하려고 달려 왕래하되 얻지 못하리니 그날에 아름다운 처녀와 젊은 남자가 다 갈하여 피곤하리라"(암 8:11-13)

인간 내면의 깊이는 신의 깊이와 만나는 장소다. 자기의 마음을 떠나 밖에 아무 데도 신을 만날 데가 없다. 명주재장(明珠在掌)이라는 말이 있다. 멀리 찾아가 보화 찾을 것이 아니다. 내 손 안에 있다. 젊은이들이여! 닭 같이 넓게 땅 껍데기 긁고 돌아 다니지 말라. 보화는 안에 있다. 내 안, 내면에 있다. 밖으로만 싸돌아 다녀도 영성을 채울 데는 없다.

독일 신학교에서 교수들이 가끔 학생들에게 "예수를 하나님의 아들이라고 믿는 학생은 손 들어 보라"고 하니 한국에서 온 신학생 몇 명만 서로 눈치를 보며 손을 반쯤 들더라는 이야기를 들었다. 미국도 독일도 영성 기근이다.

예수님께서 유대 바리새인과 서기관들의 종교에 대해서 "화 있을진저" 하며 나무라셨다.

"화 있을진저 외식하는 서기관들과 바리새인들이여 잔과 대접의 겉은 깨끗이 하되 그 안에는 탐욕과 방탕으로

가득하게 하는도다…회칠한 무덤 같이 겉은 깨끗하게 하나 속은 송장"(마 23:25, 27)

예배, 전도, 신학, 교회당 건축, 안수 등은 외면적인 일이요, 확실한 중생(重生), 철저한 회개, 현저한 성화(聖化)는 내면의 일이다. 기도에 주력하고, 예수를 본받고, 열렬히 예수님을 사랑하는 일은 내면적인 일이다.

하나님은 교회당 안에 있지 않다. 하나님은 예배 속에 있지 않다. 신은 성경책 속에 계시지 않다. 신학교 교리 속에 계시지 않는다. 자기 내면의 깊이를 파라. 그곳에 하나님이 계신다.

천주교에는 피정(避靜)이 있는데, 여름철과 겨울철에 어느 기간을 정해 놓고 성직자들이 모여 고요히 깊이 내면에 잠기는 기간이다. 마더 테레사도 이러한 피정에서 하나님의 소명을 받았다. 불교에서는 하안거(夏安居), 동안거(冬安居)를 행하는데, 이들은 깊은 산 조용한 산사(山寺)에 모여 3개월 동안 참선한다.

부끄러운 나라, 수치스런 민족

어느 청년이 외국에 출장 중에 그 나라 TV에 서울의 삼풍백화점 붕괴 뉴스가 계속 보도되어 얼마나 부끄러웠는지 몰랐다고 한다. 어그리 코리언! 이 조야(粗野)스럽고, 거칠고 무책임하고, 수치스러운 온통 사기꾼의 나라! 흉악하고 철면피 이 민족을 어디다 써 먹겠는가! 이런 민족을 가지고 대통령은 세계화 한다고 한다. GNP가 일만 달러, 세계 10위, 경제대국, 선진 국민이 된다고 떠드는 심사를 이해하기 어렵다. 이보다 국민의 도덕성을 세우는 운동부터 해야 한다.

삼풍 사고 이후 한동안 서울 시민들은 백화점에 가기를 꺼렸다. 서울에서 제일 안심 되는 백화점은 신세계 백화점 한 곳이라 한다. 한강 다리 중 제일 오래된 한강대교 하나만 안전하다고 한다. 신세계 백화점도 한강대교도 가장 오래된 것으로서 일본 시대부터 내려오는 건축물이다. 일본인들이 만든 것이다. 해방 후 한국인들이 큰 소리치고 떠들고 소문 내며 만든 것들, 그것들은 모조리 허구에 지나지 않는다.

기차 선로가 내려 앉아 죽고, 비행기가 추락해 죽고, 페리호가 뒤집어져 3백여 명이 죽고, 가스가 폭발해 불바다가 되어 죽고, 한강 다리가 추락해 죽고, 삼풍백화점이 폭삭 내려 앉아 1천 수백 명이 사상 당했다. 정부에서는 계속 엄벌한다고 하나…이런 참혹한 정경을 겪으며 정치인, 여야에선 통곡하고 눈물 흘린 자는 하나도 없었다.

미국에서 고층아파트 붕괴로 많은 사람 깔려 죽으니 대통령 명으로 집집에 조기를 달라 했다는데, 한국에서는 계속되는 대 재난에 수백 명이 죽으니 대통령은 청와대 문을 열고 대성통곡 할 일이다. 목사들은 남산에 올라가 베옷을 입고 통곡할 일이다. 옛날 중원(中原)의 태자들은 나라에 재난이 오면 자기가 몸소 죄수옷을 입고 하늘께 울며 자복(自服)했다고 한다.

정치는 졸렬하고 노동자 학생은 자고 나면 밤낮 데모하고, 쇠파이프와 가스탄의 전쟁이요, 국회는 여당 야당 밤낮 그 수치스런 추악한 몸싸움질이요, 자동차 사고는 세계 제일이요, 간암 사망률이 세계 제일이요, 불교도 혁신파 총무원파 대판 싸움이요, 기독교 장로교는 140파로 분열되고, 신학교 270개나 된다.

이런 망국 민족 속에 그런 민족의 씨알과 피를 가진 한국의 기독교는 예수의 모습이 안 보인다. 대교회 맡은 목사들의 영성은 메말라 간다. 설교 준비를 다방에서 하는 목사가 있는가 하면, 부목사께 설교 준비를 시켜놓고 자기는 호텔에서 피곤하여 쉬고 있다는 목사도 있다.

철저한 회개, 분명한 중생, 현저한 성화

학위 얻고 고급 승용차를 몰고 다니는 목사들의 영성은 죽어간다. 장돌뱅이 같은 목사들, 종교에 대한 상식적인 이야기나 밤낮 녹음기 틀듯 반복해선 뭣 하는가? 재산의 십일조 강탈하듯 뜯어 내 수백 억짜리 교회 건물을 건축해선 뭣 하는가? 기독교인 한 사람 한 사람을 분명히 중생케 하고 철저히 회개시키고 현저히 성화되도록 애쓰는 것이 기독교 아닌가? 수백 억짜리 성전을 짖고 장식하고, 교회 수양관을 짓는 것보다 우선하여 마음의 장식, 내면 운동을 해야 한다.

오늘 한국 기독교의 텅텅 빈 내면을 채우자. 외부적인 일에 관심을 두지 말고, 밖으로 돌아다니지 말라. 베다니 마르다보다는 마리아와 같이 주님 발 앞에 자리를 잡고 떠나지 않는 "이 좋은 편을 선택하자."

기독교인마다 자기 내면 생활의 깊이를 파고 들게 하자. 탐욕, 애욕, 속정을 끊고 청빈한 마음, 순결한 마음, 겸손한 마음을 길러 분명한 중생 교인, 철저히 회개 교인, 현저한 성화 교인을 만들어야 한다. 껍데기 허울 종교 생활로 만족하지 말고 깊은 진리, 심층 깊은 사랑을 가지자.

"그 날에는 내가 아버지 안에 너희가 내 안에 내가 너희 안에 있는 것을 너희가 알리라"(요 14:20)

"우리가 저에게 와서 거처를 저와 함께 하리라"
(요 14:23)

영성적 강자를 길러내자

마하트마 간디는 "내면적 해방, 자유가 성취되어야 외면적 자유도 얻을 수 있다"고 했다. 우리가 살아가는 주위에는 어떤 한계 상황 같이 강력한 정부, 정치의 압력의 힘. 강력한 경제 기구의 힘이 있다. 소수의 호전주의자들이 몰고 가는 악의 힘, 무지하고 맹목적 대중들의 여론, 원자탄의 무서운 공포 등등 이런 압력의 공격 속에서 개인이 어떻게 자기 내면의 평화와 외면의 안전을 유지해 살아갈 수 있는가? 어떻게 인간의 진실과 정직성과 영혼의 자유를 보장해 낼 수 있겠는가?

오늘 교회는 교인들을 이런 외부적 압력과 협박에도 능히 태연히 대항하고 견딜 수 있는 내면적, 영성적 강자를 만들어 내야 한다. 영성생활은 곧 내면의 생활이다. 외면으로 뻗는 호기심을 차단하고 내면에 침몰하라. 10년이고 20년이고 내면이 충실해질 때까지 함부로 외부에 나서서 서둘지 말라.

"마리아의 이 좋은 편"은 그것이 곧 내면 생활이다. 그것이 곧 영성생활이다. 마르다와 같이 명목은 예수를 위한 대접이라면서도 밖으로만 돌아다니지 말자. 확산하고 분주하면 할수록 그 내면은 텅텅 비고 영성은 고갈된다.

까를로 까레또 신부는 매일 분주히 활동하고 돌아다니다가 어떤 때 자기를 반성해보니 자기 가슴에는 일만이 꽉 차 있고 예수는 빠져 버렸더라고 했다. 내면이 텅텅 비고 영성이 고갈한 자의 모든 부지런한 활동은 아무 소득이 없다.

어느 여 권사는 자기 사위가 하는 목회 꼴을 보고 "양들이 불쌍하다"고 했다고 한다. 인도네시아 선교사로 간 어떤 박사의 고백이 있다. 그의 10년 동안의 선교 기간에 세례인이 단 한 명이 있었다. 그것도 자기 집에 있었던 식모였다고 한다.

수단 방법을 써 봐도 한국 교회는 이제 외면적 부흥은 기대할 수 없다. 개척교회는 안 되고, 교회마다 청년이 줄어들고, 작은 교회 교인은 큰 교회로 빠져 나가고 큰 교회 교인도 줄어든다. 이제는 반성해 볼 때가 되었다. 외면적인 확산 운동을 중단하고 소수 정예 운동, 내면 운동에 각성해야 한다.

나 자신이 입산한 지 16년, 내 자신이 눈 뜨면 일만 가슴에는 일 일 일…. 예수는 빠져 버리고 수도하러 입산했으면서 오래 기도를 하지 못했다. 수도 정진해보려고 기도할 수 있는 여러 개의 굴을 만들고 성무일과(聖務日課)를 하고, 야반 자정(夜半子正)에 기상하여, 냉수마찰에 벤넷운동을 하고 기도한다고 했다. 그러나 기도실 안에 오래 머물러 있지 못하고 마음은 계속 일에만 매이고 밖으로만 돌아 다니니 마음에는 예수는 빠져버리고 하나님께 몰입하지 못하고 기도도 잠시 하는 것뿐이었다.

내면이 고갈하다는 것은 영성이 고갈되었다는 증거이다. 사탄은 무엇보다도 신자들이 기도 못하게 한다.

10.
생활이 바로 예배가 되자
(生卽禮拜)

진정한 예배자가 되자

　요한복음 4장에서 예수님께서는 진정한 예배자, 진정한 신앙자가 되는 길에 대하여 "하나님은 영이시니 예배자가 신령과 진정으로 예배할지니라"고 하셨다. 교회당 건물이 예배, 신앙의 장소로 특정되어 있는 것이 아니다. 천주교식 미사나 개신교 주일 예배 프로그램이 예배의 표준 방법인 것이 아니다. 그런 것은 있으나 마나 한 것이다. 신의 영('프뉴마'란 말은 숨결, 바람, 영이라는 뜻)과 동질이 되어지는 일만이 영이 예배의 가장 중요한 방법이요, 유일한 길이다.
　아무나 교회에 모여 예배드린다고 예배가 되어지는 것이 아니요, 어떤 모양으로든지 예배라고 드리면 되는 것이 아니다. 예배자의 인격을 마련해야 하나님께 올라가는 바른 예배가 된다.
　신앙은 지식이 아니다. 신학, 교리, 예배로 하나님을 다 믿어 내는 것이 아니다. 예배 절차가 아니다. 표면적, 습관적, 형식적 예배 절차가 아니다. 신과 나의 영과 영의 대응이요, 영은 진동으로 공명하는 것이다. 신과 나의 인격과 인격의 포옹이다. 숨결과 숨결의 상호식(相互息)이다. 신을 숨 쉬는 일이다. 신이란 이름은 영을 진동시켜 부르면 1초 동안 1조 84억 회로 진동시켜 낼 수 있는 신비한 명사이다. 그 때 나 자체가 신과 일치한다고 한다.
　인생의 삶이란 것은 고정된 것이 아니다. 문학으로 정의해 낼 것 아니요, 그려 놓은 도표가 아니다. 인생의 삶은 분분초초(分分秒秒) 쉬지 않는 숨결이요 변화요 동작이요, 잠시도 쉬지 않고 창조적으로 변화하는 환경에 대응하는 실생활이다. 실생활과 분리된 종교의 정의, 어떤 철학적 카테고리 공이론(空理論) 따위나, 습관적이고 규칙적으로 반복하는 예배란 것은 참 삶의 종교가 아니다.
　신자들의 주일 예배나 교회에 참석하는 것으로 백 퍼센트 참 신앙, 참 예배가 완성되는 줄 짐작하거나, 그런 것을 잘 이행한다고 그리스도인(人)인 줄 자부하는 일은 어리석은 일이요, 자기 기만(欺瞞)에 지나지 않다.

생활이 바로 예배가 되어야 한다

내 하나님을 공경하고 예배하는 일에 특정의 시간과 장소를 따로 분할할 필요는 없다. 신이 영으로 매일 매 시간 분분 초초 숨결숨결마다 나와 현존(現存)하시고, 내 안에 항존(恒存)하시고, 내 인생의 기거동작(起居動作) 하시고, 모든 것에 동참하시고 동행하시는 것이 참 신앙이요 예배이다. 다시 말하면 우리 생존(生存) 자체가 그대로 예배가 되어야 한다.

"…이는 내가 살았고 너희도 살겠음이라"(요 14:19)

"그 날에는 내가 아버지 안에 너희가 내 안에 내가 너희 안에 있는 것을 너희가 알리라"(요 14:20)

"…나를 사랑하는 자는 내 아버지께 사랑을 받을 것이요 나도 그를 사랑하며 그에게 나를 나타내리라…"
(요 14:21)

그리스도인의 신앙은 영과 영의 공주(共住)이며, 공명(共鳴) 속에 성립된다. 우리의 영에 거룩한 하나님의 영, 그리스도의 영이 내주(內住)하시는 신앙이어야 한다. 사랑 안에서 영적인 일치, 생명의 일치, 내 삶의 순간 순간, 숨결 숨결 속에 배어 있는 신앙이어야 한다.

하나님은 어디에 계시는가? 내 실존(實存)의 한 가운데, 깊은 내 안에, 내 숨결 속에, 내 일보(一步) 속에 계신다. 삶과 생명과 사랑과 영은 일체(一體)이다.

인생이란 늘 소란스러운 것…

　기독교인의 신앙 목적은 죽은 뒤 저승 문제에 대한 준비가 아니다. 참 신앙에는 생사가 없다. 생사일여(生死一如)이다. 죽음은 삶의 한계가 아니다. 삶에서 죽음을 보려 하지 말고 죽음에서부터 삶을 관찰해야 한다. 그래서 살고 죽는(生死) 것을 초월해야 한다.
　인생의 무상성(無常性), 무아성(無我性)을 투시(透視)하는 삶을 선인생(禪人生)이라 하는데, 이러한 삶은 산다는 것과 죽는다는 것, 오고 간다는 것, 인간의 역사, 문화, 정치, 예술, 종교 등 만고풍진(萬古風塵)에 대해 무위(無爲)로 사는 삶을 말한다.
　어느날 밤 12시에 기상하여, 나의 일과에 따라 냉수 마찰을 하고, 벤네트 운동하고, 영가를 부르면서 기도하러 밖으로 나가니 군인들 수십 명이 앰블런스와 짚차 등을 동원해 운악산을 조명하면서 무전 연락하느라 밤중에 고함소리가 소란스럽다. 운악산에서 등산 훈련하다가 한 군인이 절벽에서 추락하여 아직 죽지는 않았는데, 기동을 못하니 수색하여 들것에 실어 내리는 중이었다.
　이승은 이런 곳이다. 그러다가 너도 나도 사라지고 만수운림(萬樹雲林)의 운무(雲霧)가 되어 사라지는 것이다.
　기독교인의 신앙은 지금 오늘 이 순간이다. 이승에서 지금 이 순간 하나님과 함께 호흡하고, 하나님과 함께 동행하고, 하나님의 현존과 내적 임재를 체득하고, 하나님과 서로 사랑을 주고 받는 것이 우리 신앙이다.

삭개오가 주님 앞에 회개 고백할 때, 예수님께서는 "오늘 구원이 이 집에 이르렀다"고 하셨다. 생사를 구별하지 말고 이승 저승 구별을 두지 말고 지금 이대로가 구원을 얻은 것이요, 지금 이대로가 천국이다.

모세의 자리

"서기관들과 바리새인들이 모세의 자리에 앉았으니 그러므로 무엇이든지 저희의 말하는 바는 행하고 지키되 저희의 하는 행위는 본받지 말라 저희는 말만 하고 행치 아니하며 또 무거운 짐을 묶어 사람의 어깨에 지우되 자기는 이것을 한 손가락으로도 움직이려 하지 아니하며…"(마 23:2-4)

"모세의 자리"란 자칭 모세의 후계자 지위란 종교상의 권위 장악한 듯이 오늘 기독교의 교황, 추기경, 감독, 신학 박사 등이 그런 성질의 것이다.

"말만 하고 행치 아니하며"―교리주의는 종교의 진리를 입으로는 엄숙히 말하나 몸으로 실행 실천하지는 않는 자를 말하며, 이들은 언행불일치(言行不一致)한 현실주의자, 위선자들을 일컫는다. 종교상의 모든 의무를 남에게는 무겁게 어깨에 올려 놓지만, 자기는 어깨는 고사하고 손가락으로 움직이려 하지도 않는다.

> "형제들아 만일 사람이 믿음이 있노라 하고 행함이 없으면 무슨 이익이 있으리요 그 믿음이 능히 자기를 구원하겠느냐 만일 형제나 자매가 헐벗고 일용할 양식이 없는데 너희 중에 누구든지 그에게 이르되 평안히 가라 더웁게 하라 배부르게 하라 하며 그 몸에 쓸 것을 주지 아니하면 무슨 이익이 있으리요 이와 같이 행함이 없는 믿음은 그 자체가 죽은 것이라"(약 2:14)

하나님을 유일신(唯一神)임을 확신하고 기타의 교리도 전통적 신앙을 고백하면서도 사랑이 없는 냉담하고 냉혹한 오늘날의 기독교인들, 그들이 전통 신앙을 공언하고 있지만 사실은 그것이 참 신앙이 아닌 증거는 행위가 동일하지 않은 점이다. 기독교 진리를 머리로만 이해하고 입으로만 고백하나 고난 당하는 형제를 보아도 사랑하는 마음이 일어나지 않고, 신앙이 새 생활의 원천이 못 되고 공허한 이론만 따지는 전통주의자, 위선자들이 있다. 이러한 신앙은 죽은 신앙이다.

신앙에는 산 신앙과 죽은 신의의 구별이 있다. 영으로 신생한 자의 산 신앙자에게는 반드시 행위가 동반한다. 머리로만, 입으로만 말하고 다니는 자의 신앙은 죽은 신앙이다.

마음은 하나님이 계시는 곳

"네 마음을 다하고 목숨을 다하고 뜻을 다하여 주 너의 하나님을 사랑하라"(마 22:37)

"네 마음을 다하며 목숨을 다하며 힘을 다하며 뜻을 다하여 주 너의 하나님을 사랑하고"(눅 10:27)

"마음"은 정서의 소재(所在)를 말한다. 머리로, 지식으로, 신학과 교리로, 이론으로 하나님을 믿는 것이 아니다. 형식적인 예배로만 신앙을 표시하는 것이 아니다. 인간의 전심전령(全心全靈)이 하나님으로 충만해 있어야 하고 전심전령(全心全靈)으로 하나님을 사랑하지 않으면 안된다.

하나님은 인간의 네 가지 능력 즉, 마음, 목숨, 힘, 뜻(생각)을 다한 전인적(全人的)인 사랑을 받으셔야 한다. 그 속에 지식이란 말은 없다. 지식으로(신학, 교회)는 하나님을 사랑해 내지 못한다.

"다하여"는 전심전령(全心全靈), 전인적 능력, 실행력을 말한다. 옹근 전 심장, 옹근 전영(全靈), 옹근 전 능력(全能力), 옹근 전 생명을 다하여 하나님을 사랑하라는 명령이다.

그동안 나는 목회자로서 예수 잘 믿는다는 일은 교회에 출석 잘하고, 예배 잘 보고, 연보 많이 바치고, 기도를 잘하면 잘 믿는 것이라고 생각해 왔다. 그러나 이제 깨닫고 보니 종교인의 진정한 예배는 입과 혀의 고백이 아니라는 것을 알았다. 정통 교리를 고백하고, 교회에 출석을 열심히 하고 성례에 참예하고, 연보 잘하면 만점인 그런 외식 종교가 아니다.
교파적 선전과 편견, 번거로운 전통 의식, 교회 제도 따위는 무시해 버리자. 종교 생활을 예배로 생각하고 있는데, 그것은 잘못이다. 예배를 어떻게 그럴 듯하게 보면 신앙생활이 잘 되는 줄 알고 있는데, 그렇지 않다. 교회의 매 주일 프로그램에 따라 드리는 예배, 입술의 예배, 혓바닥의 외식기도, 찬송 합창으로 우리의 신앙이 완전히 다 된 줄 짐작하는 일은 크게 어리석은 일이다. 형식에 머물지 말고 거기서 더 깊어져야 한다. 신학과 교리는 신앙이 아니다.

혜암(慧巖)이라는 스님은 40년을 장좌불와하며 도를 닦고 나서 부르짖기를 "팔만대장경은 약방문(藥方文)이지 약(藥)이 아니다. 법당의 부처는 나무토막에 지나지 않는다. 마음 하나뿐이다"고 했다고 한다.

믿음은 전인적 삶의 전체이다

믿는다는 일은 전인적 삶의 전체이다. 믿는다는 것은 하나님에 충만해진다는 말이다. 살아 있는 나의 영육, 전인적 실존 그대로의 신앙을 말한다.

"만물을 충만케 하시는 자의 충만"(엡 1:23), "하나님의 모든 충만으로 너희를 충만케"(엡 3:19), "그리스도의 장성한 분량이 충만한 데까지"(엡 4:13) 이르러야 한다.

생활즉종교(生活卽宗敎)—생활이 바로 종교이다. 기성교회에서는 생활과 신앙을 분리해 놓고 설교를 하는 데도 많다. 우리 실제 생활에서 신앙을 분리해서는 안된다. 하나님은 영이시니 하나님을 예배하는 자도 영이 되어야 한다. 하나님과 동질이 되어야 한다. 그리고 한 마디 찬송과 기도에도 외식이나 거짓이 없어야 한다. 예배가 아니라 예배를 깊이 파야 한다. "내 주여 나의 전부여"는 프란치스코의 예배였다. 물에 퐁당 빠지듯이 예수 믿어야 한다는 것이 이세종의 신앙이었다.

대부분의 종교에서 드리는 미사나 예배란 극히 형식적인 것이고 거짓에 찬 것이다. 신령과 진정이 못 된다.

하나님을 예배하기 위해서는 특정한 날, 시간을 정해 놓고 장소를 정해서 하는 것이 아니다. 교회 가서야 예배 보는 것이고, 주일날 11시가 되어야 하나님께 예배하는 것이고, 목사가 있어야 하고, 성경 찬송 설교가 있어야 예배하는 것이란 생각은 잘못이다. 예배와 실생활을 따로 따로 구별해 놓는 것은 종교인의 신앙 생활의 근본적인 큰 과오요 실패이다. 내 육신 몸이 성전이요, 내 마음이 하나님 임재의 지성소요, 나 자신이 곧 제사장이다. 숨결 숨결이 예배요, 일보 일보가 예배이다.

나는 6. 25 당시 피난하며 계속 기도하였다. 교회가 없어지고, 목사가 없어지고, 성경이 없고, 어디 일정한 장소가 없었다. 긴 시간 엎드려 기도할 형편도 못되었다. 밀짚 모자에 짧은 바지를 입고 배낭 지고 일보 일보 내딛으며 "주여!"라는 짧은 외마디가 내가 드릴 수 있는 기도의 전부였다. 급할 때 드린 기도에 하나님의 응답도 급하게 왔다. 하루에 열두 번이나 붙잡혔으나 모두 무사했다. 인민군이 나에게 직업을 물을 때, 나는 정직하게 "목사입니다"라고 대답했다. 그랬더니 잘 못 들었는지 "목수?" 하며 보내 주었다. 오갈 데도 없는데 박 종구 집사가 "목사님, 우리집에 오시오"라고 해서 그 집에 갔 는데, 앞 방엔 인민군 장교, 뒷방엔 우리 세 식구가 거처하게 되었다.

신앙은 선반 위에 얹어 두었다가 필요할 때만 끄집어 내려 쓰는 것이 아니다. 하나님은 교회당 문 안에만 계시는 것 아 니다. 하나님은 성경책 속에 계시는 것이 아니다. 내 눈이 하 나님을 신앙하고, 내 입이 하나님을 신앙하고, 내 귀가 하나 님을 신앙하고, 내 손발이 하나님을 신앙하고, 내 숨결 숨결 이 내 심장이 하나님을 신앙한다.

일일시호일(日日是好日)이요 물물개선물(物物皆善物)이라 는 말이 있다. 믿는 이에게 어느 하루도 좋지 않은 날이 없고, 어떤 것이라도 나쁜 것은 없다.

하나님께 드리는 예배는 주일날 교회에 가서야 드려 내는 것이 아니다. 우리의 삶 전체가 하나님께 드리는 예배이다. 무시로 드리는 찬송, 어디에서나 드리는 기도, 예수로 옷 입 고 예수와 동행하고, 예수를 안고 자고, 예수로 울고 웃고, 예 수로 성공하고 실패하자. 우리의 가정 생활도 하나님이 중심 이고, 우리의 사업도 작업도 하나님 예배로 화(化)해야 한다.

산상수훈을 위시해서 신약 성경 27권은 문자로만 된 글이 아니요 말이 아니요, 하나의 신적 신민(臣民)의 호흡이다. 성 경은 글이 아니요 얼이다. 팔딱팔딱 뛰는 신적 심장이요, 신 적인 숨결이다. 모든 기독교인들은 전신으로 순환하는 신적 혈맥이요, 신적 율동이다. 신(神)은 영(靈)이시기 때문에 무형 한 진동의 에너지이다. 교회 제단에 우두커니 서 있는 불상처럼 모셔 있지 못한다. 영이시요 에너지이기 때문에 우리 숨결 속에서 진동한다. 우리 혈관 속에서 진동하신다. 영은 책 페이지 속에, 문자 속에 없다.

참 예배자는 신과 동질이 되어야 한다

참 예배자는 신과 동질이 되어야 한다. 예수 그리스도의 얼, 예수 성심이 나의 인격화 해야 한다.

"에녹은 육십 오 세에 무두셀라를 낳았고 무두셀라를 낳은 후 삼백 년을 하나님과 동행하며 자녀를 낳았으며 에녹이 하나님과 동행하더니 하나님이 그를 데려가심으로 세상에 있지 하였더라"(창 5:21-24)

"노아는 의인이요 당세에 완전한 자라 그가 하나님과 동행하였으며 그가 세 아들을 낳았으니…"(창 6:9-10)

여기서 "동행하며"는 하나님과 함께 "걸어다니다", "하나님과 함께 살다"는 말이다. 내 일상 생활에 하나님이 있을 때 있고, 없을 때 없는 것이 아니다. 가정 생활하며 자녀를 낳으면서도 그 모두가 하나님과 동행이며, 삶 전체로 하나님께 예배를 드리는 일이다.

신앙과 나의 세속 생활을 따로 구별해서는 안된다. 걸음 걸음, 일보 일보 가는 곳이 어디든지, 있는 장소가 어디든지 하나님과 같이 하며, 예배가 성립되어야 한다. 내 몸 동작 하나하나가 모조리 하나님과 함께 걸어다니고 하나님과 함께 사는 예수의 얼이 되고 예수의 성심의 발로로 화해야 한다. 어느 자선단체 고아원에서 낮에는 천사 같이 존경 받는 어느 여성이 밤에는 암흑가의 창녀로 뭇 남자와 육의 죄악 생활을 했다는 이야기가 있다.

로마서 2:28에 "표면적", "이면적"이라는 표현이 있다. 한동안 화제에 올랐던 L목사, 표면적으로는 큰 교회의 목회를 보면서 총회장으로 신학교 이사장이나 이면적으로는 밤마다 젊은 부자 과부집에 드나들다가 발각되었다. B목사는 새벽기도회를 인도하던 중 청년이 강단에 뛰어 올라와 칼로 살해 당했다. 그후 그 교회는 셋으로 분열하고, 목사 살해범은 정신병 운운하며 석방되었다.

신앙과 생활과 분리되면 이중 인격자가 된다

신앙과 실생활을 분리하면 이중 인격자가 된다. 나의 종교는 사상의 유희가 아니다. 나의 종교, 신앙이 교회당이나 예배 의식이 아니다. 생동하는 내 몸이 성전이요, 나의 종교는 순환하는 피이며, 숨결이다. 삶의 총체적 약동이다. 하나님과 함께 걷는 보행이다. 행동이다.

하천풍언은 일본 기생의 아들이었는데, 마야스 선교사를 만나서 예수를 믿게 되었다. 그는 말년에 폐결핵으로 사망 선고를 받고 빈민굴에 투신하여 다다미 두 장 짜리 유령이 나올 듯한 방을 얻어 교회를 개척하였다.

베네딕트는 신성한 수도원의 규칙을 만들면서 "노동은 기도이다"는 유명한 말을 남겼다.

모든 종교적 용어는 철학적 용어처럼 어떤 카테고리거나, 상징적인 용어가 아니다. 종교적인 용어는 행동성을 띤 실천적인 용어들이다.

베네딕트의 생활 규율

베네딕트의 거룩한 규칙에는 수도자들이 "착한 일의 도구들"이라 해서 우리가 그대로 실천해야 할 덕목을 78조목을 썼는데, 그 중 몇 가지를 예로 들겠다.

> 첫째로 마음을 다하고 정신을 다하고 힘을 다하여 주 하나님을 사랑하라.
> 모든 사람을 존경하라.
> 그리스도를 따르기 위하여 자신을 끊어 버려라.
> 육체를 다스리라.
> 쾌락을 찾지 말라.
> 금식을 좋아하라.
> 헐벗은 사람을 입혀주라.
> 병자를 방문하라.

시련 중에 있는 사람을 도와주라.
세속의 행위를 멀리하라.
아무 것도 그리스도께 대한 사랑보다 더 낫게 여기지 말라.
화 내지 말라.
간사스런 계교를 품지 말라.
정의를 위해 박해를 참아라.
교만하지 말라.
게으르고 잠꾸러기가 되지 말라.
불평쟁이, 험담꾼이 되지 말라.
모든 영적 욕망을 가지고 영원한 생명을 갈망하라.
자신 안에서 장점 보거든 자신하지 말고 하나님께 돌려라.
나쁜 점은 항상 자신의 탓으로 돌려라.
지옥을 무서워하라.
죽음을 날마다 눈 앞에 환히 두라.
나쁘고 추잡한 말을 입에 담지 말라.
실없는 말, 웃기는 말, 다변을 좋아하지 말라.
지나친 웃음을 삼가라.
거룩한 독서를 즐기라.
기도에 자주 열중하라.
자기 잘못을 눈물과 탄식으로 매일 기도 중에 하나님께 고백하라.
육체의 욕망을 채우지 말라.
성인이 되기 전에 성인이라 불리기를 바라지 말라.
순결을 좋아하라.
아무 것도 미워하지 말라.
자만심을 멀리하라.

우리가 모든 것을 부지런히 실행할 장소는 수도원 봉쇄 구역에 안주하는 것이다. 이런 것들이 영적 기술의 도구들이니 밤낮 끊임없이 실천하면 눈으로, 귀로 들은 적이 없는 하나님의 상급을 받게 될 것이다.

베네딕트의 겸손 생활

베네딕트는 겸손을 강조하였다.
1. 하나님께 대한 두려움을 늘 눈 앞에 두고 잊지 않고 사는 일.
2. 자신의 뜻을 좋아하지 않고 자신의 욕망을 채우기 위해 즐기지 않는 일.
3. 하나님께 대한 사랑 때문에 온갖 순명으로 장상께 복종하는 일.
4. 어렵고 비위에 거슬리는 일, 또는 모욕까지도 묵묵히 인내로 받는 일.
5. 자기 마음 속에 들어 오는 모든 악한 생각이나 은밀한 죄를 겸손히 장상에게 숨기지 않고 고백하는 일.
6. 온갖 비천한 것, 나쁜 것으로 만족하는 일.
7. 자신은 가장 못하고 비천한 인간이라는 사실을 말과 마음으로 시인하는 일.
8. 수도원의 공동 규칙이나 장상들의 권고 이외는 아무 것도 하지 않는 것.
9. 혀를 억제하고 침묵의 정신으로 누구에게나 질문 받기 전에 말하지 않는 것.
10. 쉽게 빨리 웃지 않는 것.

11. 말할 때는 온화하고 웃음이 없으며, 큰 소리 내지 말 것.
12. 마음으로 뿐만 아니라 몸으로도 남 앞에 겸손을 항상 드러낼 것. 어디서나 앉으나 걸으나 언제나 머리를 숙여 땅을 내려다 보며 자기에 대해 매 시간 자기를 죄인으로 무서운 심판대 앞에 서 있듯이 생각할 것.

한국의 성자 이현필의 생활

이현필 선생은 교파도 없고 자기 교회도 없고, 목사도 장로도 아니다. 그는 산을 사랑하고 농촌을 사랑하고, 청빈 생활과 자기부인(自己否認)을 실천했다. 차를 탈 때는 제자들에게 "우리는 제일 나중에 타야 한다"고 했다. 식사할 때는 "나는 죄인이다"면서 맨땅에 밥을 내려 놓고 먹었다. 평생 거지옷을 입고 겨울에도 맨발로 다녔다.

이현필을 중심 한 동광원 수도단체에겐 교파도 교회도 없다. 따라서 교회 조직도, 수도 단체로서의 규약도 없다. 세례도 성찬식도 없다. 그들은 지리산, 화학산, 무등산 등으로 많이 다니기 때문에 "산파(山派)"라고도 부른다. 기성 교회 같은 예배도, 기도하는 모습도 볼 수 없다. 성신충만 받겠다는 이도 없다. "땅을 파는 소리가 하나님의 소리이다. 시래기 죽 먹는 것이 우리의 기도이다. 맨발로 다니는 것이 성신 충만이다."고 그들은 말한다. "우리는 손수 농사하며 짚으로 짚새기 삼아 신고, 손수 심은 유채 기름으로 그 불빛 밑에서 성경을 읽어야 한다."

그들은 찬송가도 별로 많이 부르지도 않는다. 그러나 그들이 찬송을 부를 때면 눈물이 젖는다. 지리산 오감산에서 추운 겨울에 기도굴을 짓고 긴 세월 기도하고 있는 여 제자를 눈 오는 날 맨발로 찾아가서 함께 "갈보리 십자가"의 노래를 부르며 통곡했다. 그들에겐 기성 교회와 같이 건물도 없고 연보도 없고, 성례도, 기도도 없다. 따라서 직분도 없다. 그러나 치마 저고리에 검은 고무신 신고 노동하는 그 말 없는 모습, 그 인격을 대할 때 누구나 "이것이다", "이 길이다"고 감격한다.

고난의 종교, 십자가의 종교, 자기 희생의 종교

고난의 종교, 십자가의 종교, 자기 희생의 종교이다. 도시의 화려한 성당, 편안한 의자에 앉아 즐거운 예배를 드린다는 것은 예배가 아니다. 생즉고(生卽苦), 산다는 것은 괴로운 일이다. 고난에의 참예가 예배이다. 참회자의 애통의 눈물, 고통에 참여하는 자의 예배가 진정한 예배이다. 이 탄식이 예배이다.

나는 봄, 여름, 가을, 겨울, 밤마다 운악산 자락 키 큰 자작나무 아래서 별들이 때로는 처량하게 떠 있는 깊은 밤 하늘을 쳐다 보며 영가(靈歌)를 부른다. 70년 동안 신앙 생활을 하면서 운악산 자정 그 시각 홀로 별을 쳐다 보며 영가를 부르는 예배보다 더 감격스럽고 영감에 젖는 예배는 없었다. 가톨릭 어느 미사에도 개신교 어느 예배보다 더욱 감격에 떠는 혼자의 예배였다.

예수님께서는 "나는 마음이 온유하고 겸손하니 나의 멍에를 메고 나를 배우라"고 말씀하셨다. 참 예수를 믿으려면 예수 같이 되어야 한다. 노래 없어도, 설교와 기도가 없어도 이같이 되는 일이다.

오늘 한국의 크고 작은 교회, 중산층들이 모여 흥청거리고, 자기에게 편리한 대로 드리는 예배, 불순한 부자, 권력가, 인테리층, 교권주의자 그룹들이 드리노라는 예배…이러한 모습은 진정으로 드리는 예배가 아니다.

일본의 일등원 운동을 한 니시다 덴꼬(西田天香)는 신 생애를 위하여 암자에서 목숨을 걸고 기도하였다. 그러던 어느 날 새벽에 어린 아이가 우는 소리가 난데 없이 들려오면서, 그 소리에 깨달음을 얻었다. 어린 아이는 아무런 준비도 없이 태어나나, 아이로 성장하는데 아무런 지장이 없다는 것을 깨달았다. 그는 처에게 남편은 죽었다고 생각하라고 하고, 먼저 조상들 묘에 참배하고 혈육의 관계를 청산했다. 그리고 나서 맨발로 노동복 한 벌만 입고 도시락을 차고 무료 봉사를 하기 시작했다. 강연회 초청을 받으면 먼저 머리에 수건을 두르고 변소치기와 설거지부터 시작했다. 이 무료 봉사는 지금까지 살아오게 된 것은 주위의 덕으로 산 것으로 알고, 이에 대한 보은하려는 것이다.

예배 날을 따로 정하고, 예배 장소를 따로 지정해 놓고 예배 프로그램에 의하여 습관적으로 드리는 예배는 죽은 예배이다. 나는 주 안에, 주는 내 안에 계셔야 한다. 언제나 하나님과 동행해야 한다. 하나님의 현존, 임, 주님의 내주, 내재 속에 충만하게 살아야 한다.

예수를 언제, 어디서 만나는가? 지금 이 순간에 만난다. 천당이 어디인가? 내 안에 계신 주님과 동거 동행해야 한다. 지금 나의 삶 그대로가 예수와 함께 해야 한다. 내가 작업하는 것이 아니라, 예수님이 일하고 계신다. 내가 밭을 뒤지는 것이 아니라, 예수님이 밭을 파고 파종하신다. 내가 마당을 쓰는 것이 아니라, 예수님이 쓸고 계신다. 내가 기도하는 것이 아니라, 주님이 기도하신다. 내가 산다는 삶 그대로가 신앙이요, 그대로가 예배요, 그대로가 전도요 중생(衆生) 구원이다.

그것은 윤리적인 설명이 아니라 직접 사랑의 실천이다. 그것은 이론이 아닌 체험이며 이데올로기가 아닌 생활 자체이다. 논증보다 직관을 통해 얻은 실재이며, 이성의 영역이 아닌 영신(靈神)의 영역에 속한 것이다. 언어와 사고를 초월한 또 다른 높은 차원에 도달하는 것이다.

예배 관념의 갱신

"너희의 무수한 제물이 내게 무엇이 유익하뇨 나는 수양의 번제와 살진 짐승의 기름에 배불렀고 나는 수송아지나 어린 양이나 수염소의 피를 기뻐하지 아니하노라 너희가 내 앞에 보이러 오니 그것을 누가 너희에게 요구하였느뇨 내 마당만 밟을 뿐이니라 헛된 제물을 다시 가져 오지 말라 분향은 나의 가증히 여기는 바요 월삭과 안식일과 대회로 모이는 것도 그러하니 성회와 아울러 악을 행하는 것을 내가 견디지 못하겠노라…너희가 손을 펼 때에 내가 눈을 가리우고 너희가 많이 기도할지라도 내가 듣지 아니하리니 이는 너희의 손에 피가 가득함이니라"(사 1:11-17)

"내가 너희 절기를 미워하여 멸시하며 너희 성회들을 기뻐하지 아니하나니 너희가 내게 번제나 소제를 드릴지라도 내가 받지 아니할 것이요 너희 살찐 희생의 화목제도 내가 돌아보지 아니하리라 네 노래소리를 내 앞에서 그칠지어다 네 비파소리도 내가 듣지 아니하리라 오직 공법을 물같이 정의를 하수 같이 흘릴지로다"
(암 5:21-24)

기독교인들의 예배 관념의 갱신이 긴요하다. 우리는 예배라 하면 교회당, 예배 좌석, 예배 순서, 노래, 기도문, 설교, 성가대, 연보 등등이 예배로 알고, 그런 예배에 참석함으로 자기는 종교인이며 독실한 신앙인이라고 안심하고 있다.

창세기에 에녹이 3백년을 하나님과 동행했다고 했는데, 에녹이나 노아는 오늘 우리와 같은 예배를 드린 사람이 아니다. 그 시대는 교회도, 목사도, 성경도 없던 시대이다. 주후 3세기를 지나도록 초대교회에는 완성된 성경이란 것도 없었고, 목사도, 찬송도 성가대도 설교도 없었다. 그러나 오늘 우리들보다 더 잘 믿었고 더 참된 예배를 드렸다.

성경 27권이 결집된 후에도 교인들은 성경을 읽지 못했다. 성경은 라틴 말로 밖에는 인쇄하지 못하게 했기 때문에 사제들이나 읽었지, 라틴어를 모르는 일반인들은 읽지 못했다. 또 인쇄술이 발달되지 못한 그 시대에 성경 한 권 쓰려면 수도사들이 양피지에다 한 자 한 자 써야 했기 때문에 그런 성경은 너무 비싸서 일반인들은 살 수 없었다.

생활즉종교(生活卽宗敎)

예배와 실생활을 따로 구별해 놓으면 안된다. 세속적, 육신적 생활은 신앙과 관계없이 제 나름대로 따로 굴러 다니는 예배, 또 따로 예배의 시간과 장소를 정하고 예배 드리노라는 그런 예배, 그런 것은 기독교인이 아니다.

> "누가 이 세상 재물을 가지고 형제의 궁핍함을 보고도 도와줄 마음을 막으면 하나님의 사랑이 어찌 그 속에 거할까 보냐 자녀들아 우리가 말과 혀로만 사랑하지 말고 오직 행함과 진실함으로 하자"(요일 3:17-18)

종교적 용어, 미사여구, 말, 노래 악기, 형식적인 예배를 드리면 어떻게 되겠거니 짐작하고 교회 다니는 교회인들, 예배 교인들은 점점 더 위선자, 자기 기만자, 바리새인, 철면피들이 되고 만다. 예배 언어, 프로그램, 노래, 설교보다 예배자로서의 인격을 갖추는 일에 전력을 다해야 한다. 노래, 기도, 돈, 설교가 없다고 하더라도 예배자의 인격이 그대로 산 제물이 된다. 산 예배가 된다.

"너희의 몸을 하나님이 기뻐하시는 거룩한 산 제사로 드리라 이는 너희의 드릴 영적 예배니라…"(롬 2:1-2)

누가복음 10:25-37에 여리고 길가에 강도 만난 사람이 피투성이가 되어 길가에 쓰러져 신음하고 있을 때, 예루살렘에서 내려오던 제사장과 레위인은 그를 보고도 모른 체 급히 지나갔다. 그러나 예루살렘을 향해 올라오던 사마리아인은 강도 만난 사람을 보고 다가가서 싸매주고 자기 나귀에 앉혀 예루살렘으로 올라갔다.

제사장과 레위인은 종교 전문가이다. 제사와 예배를 전문으로 다루는 성직자들이다. 그러나 그들의 성전, 제단에서의 제사와 예배는 거짓된 형식적인 행사였다. 그만큼 그들은 위선자들이었다. 하나님에게 드리는 실패의 예배를 드리는 자들이었다.

그러나 착한 사마리아 사람은 제사장도 아니고 성직자도 아니었다. 그에겐 성전, 제단, 찬송, 기도, 제물,도 성경도 없었다. 그러나 그의 착한 행위 자체가 가장 아름다운 예배였다. 그는 향기 나는 예배 인격자였다. 그에겐 교회, 노래, 성경, 설교가 없어도 좋다.

요한복음 4:17-24에 사마리아 여인은 자기 사생활, 은밀한 생활, 다섯 남자와 불순한 교제를 하고 지내면서 그 문제에 대한 고민이나 관심은 크게 두지 않으면서 자기 나름대로의 종교 문제의 관심은 컸다. 하나님은 산에 있는가, 영산(靈山)의 신이신가? 신(神)은 거리에 있는가? 성지의 신(神)이신가? 대성전 지성소 안에 뫼신 신(神)이신가? 이러한 신관(神觀)을 갖고 있었다.

유럽 각지로 순회하면서 보니 유럽인들의 교회에 예배하러 모이진 않고, 소도시 코너라든가 시골 농촌 마을에 들어가는 입구에 큰 십자가를 세워져 있다. 개인집 천장 밑에도 신주처럼 오색 찬란하게 꾸며져 있다. 동남아를 여행하면서 보니 거기 사람들은 십자가 대신 부처나 우상을 도시 뒷골목이나 네거리에 성황당처럼 세워 놓고 향이나 초를 태우고 있다. 자기들의 종교, 자기가 믿는 신(神)을 선반 위에 올려두고, 신주 속에 얹어 놓고 필요할 때만 끄집어 놓고 쓰고 나면 다시 선반에 올려 넣는 그런 식으로 신을 예배한다.

이사야나 아모스 등 예언자들은 그 시대 기성 종교 단체에 대해 그들의 예배는 헛된 예배, 헛된 기도, 헛된 헌물(獻物)이라고 지적하면서 책망했다. 자칫하면 오늘 교회의 교인들의 예배도 헛된 예배, 헛된 종교라 하면서 "내 마당만 밟을 뿐이다"고 할 것이다.

인도에 와서 처녀의 몸으로 일생 가장 하층 계급 사람들, 쓰레기 더미에 버린 아이들을 주워다가 우유 먹이며 기르고, 나병환자의 피부를 쓰다듬어 주고, 죽어가는 노인의 손톱을 깎아 주는 마더 테레사의 일생…

한국 개신교회의 신앙은 이단인가? 아니다. 한국 개신교는 저마다 철저히 정통신앙을 부르짖는다. 한국 개신교회는 사교인가? 아니다.. 한국 개신교회는 보수적이요 복음주의적이다. 그러면 한국 교회는 무엇인가? 한국 교회의 예배는 헛된 예배이다. 예수님께서는 기성 종교 집단인 바리새파에 대해서 바리새인의 말은 들어도 그 행위는 본받지 말라고 하셨다.

내 종교, 내 신앙, 내 예배를 내 일상생활, 실생활과 분리, 격리하지 말아야 한다. 생활즉종교(生活卽宗敎)—생활이 바로

238 영성생활의 요청

종교가 되게 하자!